大夏书系·阅读教育

朱煜 著

把孩子教聪明

朱煜教育小品文

华东师范大学出版社
全国百佳图书出版单位

上海

目 录
Contents

001 / 代序：把孩子教聪明

上编 聪明之教

003 / 单元整合教学中的略读课教学策略

014 / 小学整本书阅读指导的偏与正

023 / 长篇童话阅读指导的四个策略

028 / 《经典共读实操手册》序言

032 / 小学语文网络直播课的教学策略

039 / 把"怯生生"改成"胆怯"

043 / 无他，用心手熟尔

048 / 小鸟为何不出笼

053 / 参赛记

057 / 给三年级家长的两封信

061 / 给五年级家长的一封信

064 / 给孔子的一封信

068 / 与同行书

072 / 让诗教伴随童年

075 / 教会学生

078 / 一起开心

081 / 一汪学习语言的活水

084 / 关于一则新闻的问答

086 / 我的听课评课观

089 / 一场好香的桂花雨

092 / 从蔷薇的花期说起

096 / 重提启蒙

100 / 六鱼居札记

中编 聪明之读

129 / 理解不了的诗情

134 / 奥数是谁的替死鬼

139 / "过去竟然是这样啊……"

145 / 吃包子只有一个理由

149 / 读《绿光芒》

156 / 读《课堂上究竟发生了什么》

158 / 读《陶行知教育名篇》

165 / "咻"的一声后面呢……

168 / 读《我的野生动物朋友》

171 / 希腊神话的读法

174 / 讲个故事给你听

下编 聪明之交

- 179 / 怀想春风
- 187 / 一本书·一个时代
- 191 / 只有一面
- 196 / 公益一年
- 199 / 电话铃响

附录

- 205 / 访谈：不读书，就无法真正教好学生
- 213 / 访谈：抗衡野蛮，还得靠启蒙
- 233 / 访谈：教师，在阅读中生存
- 237 / 讲演：孔子是我们的同行

259 / 跋

代序:
把孩子教聪明

一

我现在带的班级是从四年级开始教的,今年 6 月,他们将完成小学学业,上初中了。我很喜欢给他们上课,因为课上他们总能带给我惊喜。

教《唯一的听众》时,我组织学生讨论景色描写的作用。一个孩子说,第一小节中的"地上铺满了落叶"与第二小节中的"林子里静极了。沙沙的脚步声,听起来像一曲悠悠的小令"相呼应。因为地上有落叶,所以后面才能写脚步声。

教《穷人》时,学生抢着交流阅读体会。一个孩子说,她注意到课文第一节中写主人公桑娜的小屋温暖而舒适,这说明桑娜很能干,另外也说明他们夫妻很善良,因为善良,所以家才会显得温暖,同时也暗示我们故事最终会有一个好的结局——邻居家的孤儿被收养了。另一个孩子得到启发,说自己留意到课文最后一句话:"你瞧,他们在这里啦。"孩子说,这个"啦"字写出桑娜在向丈夫撒娇。另一个孩子反驳说,"啦"字写出了她的开心,因为自己还没有说要收养邻居孩子的事,而丈夫却主动说了。第三个孩子说,"啦"字也写出了夫妻俩想法一致,一样善良,桑娜为有这样的丈夫而开心。

教《钱塘湖春行》时,一个孩子在读完诗歌后举手要求发言,说她发现这首诗写的是春天刚刚到来的情景。因为"早莺"是春天刚来时的黄莺。"新燕"是刚从南方飞回来的燕子。还有"浅草"就是刚生长出来的小草。我让学生观察颔联和颈联,看看能发现什么。一个孩子说,"几处早莺争暖树,谁家新燕啄春泥"是从动物角度写春景,"乱花渐欲迷人眼,浅草才能没马蹄"是从植物角度写春景。另一个孩子说,"早莺"和"新燕"都是名词,"争"和"啄"都是动词,"暖树"和"春泥"又都是名词,它们都相对;还有"乱花"和"浅草"相对,"迷人眼"和"没马蹄"相对。第三个孩子接口说,这是对仗。

每周我都让学生们写一篇随笔,字数不限,题材不限,可以虚构,可以写实,想怎么写就怎么写,发挥出自己最好的水平就行。于是惊喜出现了,一个孩子读了周作人和梁实秋的作品,他写道:"相比《雅舍谈吃》,我觉得周作人老先生写的《知堂谈吃》看了更让人回味。梁实秋老先生写的《雅舍谈吃》看了让人兴奋,恨不得立刻吃到书上的美食。两本书各有各的特点,我都很喜欢。"一通表扬,一番点评之后,这个孩子又写了一篇,还是用比较的方法:"金庸的书把细节描写发挥得淋漓尽致,让人犹在书中,为此神魂颠倒。书中人物的一招一式让人热血涌动。而古龙的书,却别有洞天,他的小说比金庸的更现代,剧情更悬疑,总有让人出乎意料的结果,一旦读了就很难停下,看了还想看。"

朋友问我:"怎样才能教出这样的学生?这样的学生习作,我教不出来。"这样的阅读体验,我也教不出来。我能做的,只是教一点基本的阅读习作方法，然后让学生自由地思考，并为之提供合适的交流思想的平台。有了思想自由，学生才会变聪明。基础教育应该先让孩子变聪明，学科知识的学习是第二位的。能在课堂上分享到这样的体验和习作，是我的福分，我在教学生，而学生给予我诸多"想不到"，助我提升。教学相长，是之谓也。

某天，几位英语老师来听我的课，课后聊天，说到这个"聪明"的话题。一位英语教师给我看一个孩子的英文作文，说："这个孩子喜欢写英语作文，每次测验都不愿意背诵范文敷衍，总是自己写。"也正因为自己写，难免有单词语法错误，失分就多。好在，他依然坚持自己写。我们评价作文的方式真的有问题，评价时对一句给一句的分，单词拼错绝不姑息，主题、逻辑有问题却绝不扣分；学生写得生动有趣，也不会加分。于是，逼得老师怎么能得分就怎么训练，而真正的写作能力培养反倒忽略不计了。看来，教学中让孩子变聪明还不算太难，难的是怎样用好的评价方式来保护好教学成果。好的评价方式当然不易得，但必须去钻研，这关乎学生成长，也关乎教师的心态与专业发展。

二

电影《火烧圆明园》我只看过一遍，再也不看。因为看到好好的东西被烧抢毁坏，实在不好受。看书也是这样，手边这本朵渔的《说多了就是传奇》几个月前就在书店里见到了，翻看一下，觉得难受，遂未买。昨天去书店，见书还在，又翻，又放下。临到离开，终究还是忍不住，转身从书架上取下。

回到家，一口气把书看完。

文末,作者写了一个"传奇":

天津市艺林阁的文物鉴定员刘光启人称"刘半尺",意思是字画打开半尺,真伪立判。某次,刘正清理造反派抄家抄来的书画物资,一卷黄黑色的旧纸卷让他眼前一亮,上书:"足下各如常。昨还殊顿。胸中淡闷,干呕转剧,食不可强,疾高难下治,乃甚忧之。力不具。王羲之。"这眼前待焚之物,竟是故宫流失的国宝、书圣王羲之的《干呕帖》。

国宝没有被毁,也没什么好高兴的,因为人被毁了。

这本书还是买对了。封底有好几个人写的推荐语,王小妮写道:"有人早想宣布翻篇了,但执拗的朵渔要把书页翻回来,带我们一起重新细看。""重新细看"能让我警醒,不断自我启蒙,提醒自己每节课都要让学生更聪明一点,让他们身体健康,神智清明地念完小学。

2015 年 5 月 11 日

上编 聪明之教

单元整合教学中的略读课教学策略

小学生的学习规律决定了他们学习知识与技能，必须经历初学、练习、巩固、运用等阶段。但在以往的语文教学中，教师往往围绕课文内容设置多个知识点或者技能点的训练。于是在课堂上我们经常可以看到这样的情况：一个自然段中有生字，就学习生字；一个自然段中有可以讲讲的句子，就讲句子；几个自然段可以合在一起归纳段意，就让学生归纳段意。一节课上下来，内容杂，形式多，看似每个环节都走过了，可仔细推敲，会发现每个环节都是教师牵着学生浮光掠影地学，而且只有一小部分学习能力强的孩子参与其中。学习句子，学习归纳，学习复述等，这些语文能力都必须经历一段时间的学习才能掌握，学生没有学习的经历，学习效果自然不会好。

为此，我在数年前开始做小学语文单元整合教学实验。我觉得，教师要从单元的角度出发解读教材，确定课时目标，设计教学环节，让学生在一段时间内集中力量学习某个知识或者能力才能学得有效。我对小学语文单元整合教学的概念做了以下界定：

依照语文课程标准，建立语文学科教学目标系统，以单元为结构形式，整合教材、课外选文等教学资源，利用精读、略读、练习、综合、作文等课型，有效达成单元目标，且可测评教学效果的教学形式。

精读课上，教师紧紧围绕单元目标，利用课文资源，让学生初步学习该单元的知识能力要点。学习之后，需要巩固，教师在教学过程中还要善于发现学生掌握得不理想的地方，拾遗补缺。这就是略读课的主要功能。略读课不是新鲜事物，本文重点讨论单元整合教学中的略读课的常用教学策略。

一、单文教学，强化巩固，提升语言素养

国内一节小学语文课通常是 40 分钟或者 35 分钟，基于这个时间限制，略读课上可以教一篇课文，也可以教两篇课文，不能多于两篇。这是由小学生学习规律所决定的，一旦多于两篇，在一节课中学生无法真正深入学习，只能浮于表面，甚至让学习语文异化成"看见课文"。

一节略读课只学一篇课文，有两种策略：第一，关联精读，巩固提升；第二，自读自悟，分享促进。

先说第一种。

沪教版四年级上册第一单元的核心学习目标是：正确流利地朗读课文，并有一定的感情。第一课是《老师领进门》，一篇经典课文，精读。第二课是《孔子和学生》，全文采用总起—分述—总结的方式，介绍孔子能了解学生的优点和缺点，因材施教、有教无类。课文结构清晰，内容简单，我将其定为略读课，设计了以下教学流程：

1. 简介孔子。

2. 与两个学生合作读第二小节。请学生评价。

3. 齐读第二节。分角色读。

4. 引导学生关注提示语的作用，然后指名读第三节，互评。齐读，分角色读。

5. 提取课文中的信息，教师在黑板上完成表格（孔子学生们的优点与不足）。

讨论：看了表格有什么想法？

再讨论：用上黑板上的提示（有教无类、因材施教，以及表格等），说说孔子给你留下的印象。

这节课的第二至第四环节是围绕着单元目标来教学的。在之前的精读课基础上，这节课用半节课的时间进一步巩固"正确流利地朗读课文"的目标，使得精读课与略读课之间产生紧密的关联。这样的关联会让学生更好地达成单元学习目标。只要认真教学，朗读课文的目标不难达成，如果就此打住，未免可惜。所以我利用课文内容，设计了信息提取和说段的练习，让朗读与积累语言、运用语言融合在一起，综合提升学生的语言素养。

再说第二种。

人教版六年级上册第一单元的教学目标是：学习课文，要注意体会作者是怎样细心观察大自然的，有哪些独特的感受；还要体会作者是怎样展开联想和想象，表达这些独特感受的。该单元内有四篇课文，依次是《山中访友》《山雨》《草虫的村落》《索溪峪的"野"》。《山中访友》写作者到山中游玩，将山中景物皆视为友人。《山雨》是按照时间变化顺序描写雨景及感受。《草虫的村落》中作者将自己视作昆虫，来描写昆虫世界。《索溪峪的

"野"》则抓住"野"这一特点描写山间景物和人。我结合单元目标及课文特点做了重组，教学次序依次是：《山中访友》（精读课，两课时），《林海》（原为选读课文，我将其作为精读课，两课时），《索溪峪的"野"》（略读课，一课时），《山雨》（略读课，一课时），《草虫的村落》（作文课，两课时）。

这样安排是因为《山中访友》《林海》文章较长，需要提示的知识点、能力点比较多。文章的表达形式也较有"嚼头"，适宜在教师指导下精读。《索溪峪的"野"》《山雨》，文章不长，结构清晰，适合学生自读。《草虫的村落》以昆虫的视角写昆虫世界的特点，是非常好的习作例文，适合让学生运用联想与想象的手法进行仿写。

《山雨》是该单元第二次略读课。学生通过之前的学习，对联想与想象的作用已经有了一定的了解。所以，我就用《山雨》来检测学生的学习情况。为此，设计了以下教学流程：

1. 自读课文，查字典理解新词。
2. 同桌合作，找出文中运用了联想与想象的句子。说说用了联想与想象之后，给你带来了什么阅读感受。
3. 补充资料，引导学生理解作者产生联想的依据。

整节课只有三个教学环节，让学生有足够的时间自学和交流，在分享学习收获的过程中，互相促进，加深对课文内容和表达形式及单元知识能力点的理解、掌握和体悟。同时，教师通过学生在课堂上的反馈，能及时了解他们的学习情况，发扬长处，弥补不足。

实施这种开放式的教学，并非易事。教师先得落实好精读课的任务，然后对略读课文做细致地解读，找准文本与单元目标的对应点，对学生在交流过程中可能出现的情况要有充分的预设，而且能及时顺应学生学习情况，引领其达成教学目标。在生成性的课堂教学中，学生的学习空间很大，如果指导得当，学生的收益也就更多。

上述两种教单篇课文的略读课，相同点是在单元目标的实现过程中都起到练习巩固的作用。不同点在于教法上前者是收（教师引导为主），后者是放（学生自学为主）。放与收，要根据课文内容特点和单元内的教学次序而定。

二、双文协同，扶放结合，发展思维能力

一堂略读课教两篇课文，也有两种策略：第一，以一带一，扶放结合；第二，两文对读，分析比较。

先说第一种。

人教版三年级下册第八单元中除了两首古诗外，依次是这样三篇课文：《西门豹》《女娲补天》《夸父追日》。对于这三篇课文，我确定的单元目标是：学习详细复述。因为《女娲补天》《夸父追日》是神话故事，神话故事是先民靠着口耳相传的方式流传下来的，用来训练复述能力是最好不过了。而《西门豹》是历史故事，也是学习复述的好材料。在教学中，我将《西门豹》当作精读课，另外两篇作为略读课的内容。下面摘录一段课堂教学实录：

师：如果你能把这些小标题连起来的话，就能把女娲补天的过程讲清楚了。

生1：女娲补天是这样子的：她冒着生命危险到山上先去找五彩石。她以为很好找，其实不好找，她到山上看到的都是一些零零星星的碎片。她找了好久才找到。她挖了一个坑，把五彩石都放在里面，冶炼了五天五夜，五彩石化成了很稠的液体。女娲把它装进一个大盆里，端到天边，往上一泼，只见金光四射，大窟窿立刻被补好了。

师：掌声送给她。这个小朋友没有简单地把几个小标题连起来，她加入了细节，加上了结果，能不能再加个开头？

生2：一天，女娲听到轰隆的响声，她被震醒了。出门一看，天空塌下了一大块，露出了黑黑的窟窿，还在往下喷火。许多人被火围困在山冈上，许多人在水里挣扎。女娲难过极了，立刻到山上去找五彩石，她原以为这种石头很好找，结果到山上一看，全是零零星星的碎块。她忙了几天几夜，找齐了五彩石，在地上挖了一个圆坑，用神火进行冶炼，冶炼了五天五夜。五彩石化成了黏稠的液体，她把这种液体放进盆里，泼向窟窿。只见金光一闪，天立刻被补好了。

师：掌声送给她。有头有尾有细节，好厉害。谁能到台上来讲，讲得绘声绘色，让大家都能被你的故事吸引？

（学生上台复述故事）

师：我们今天学会了一个方法：先提炼几个小标题，然后回忆课文大致的情节，把小标题连起来，用自己的话把故事讲清楚。

师：《夸父追日》也是神话故事，如果要讲好这个故事也可以先归纳出几个小标题，老师先给大家一点提示，夸父追日，追到虞渊，第二步呢？

生1：喉咙冒烟。

师：喉咙冒烟以后，他喝干了什么？

生2：喝干河水。

师：几条大河？

生2：两条。

师：要写清楚，喝干大河。接着他做什么了？

生3：他倒下了。

师：课文中有一个词语——

生3：颓然倒下。

师：倒下后变出了——

生4：变成大山。

生5：变成桃林。

师：什么东西变成了桃林？

生6：手杖。

（板书：夸父追日、追到虞渊、喝干大河、颓然倒下、身作大山、杖化桃林）

师：根据提示能不能说说这个故事？

（学生练习复述课文内容）

之前在精读课中已经学习了先梳理小标题，再复述课文内容的方法。在这节略读课中，用三分之二的时间先学习《女娲补天》，包含生词、句段和复述等内容。余下的三分之一的时间，用《夸父追日》做材料，练习复述。用一篇课文带出另一篇课文，让学生在两节课中获得三次练习复述的机会。从教学策略上说,《西门豹》是教,《女娲补天》是扶,《夸父追日》是放。《夸父追日》看似没有教,实际上当学生能流畅地复述时,就说明他们已完成自学,不仅理解了课文内容,还将文中语言内化成自己的语言。

要采用这样的教学方式,首先,要明确树立课文只是例子的观念。实施单元整合教学,一个单元内的课文都是为达成单元目标服务的。只有在教学中聚焦某个知识点、能力点,才能让学生扎实地掌握它,才会将其迁移到其他点的学习中。小学阶段要学的知识与能力本就不多,学习时间也充裕,教师完全没有必要担心教不完,不然在教学中就会放不开手脚,总担心漏讲这个少说那个,从而造成教学目标的不集中。其次,必须依托于表达形式相似或者内容相似的数篇文本。如果教材里的课文不足以构成这样的文本群,那么可以从课外读物中选择添加。

再说第二种。

人教版四年级上册第五单元中有三篇课文,依次是:《长城》《颐和园》《秦兵马俑》。解读教材后,我确定的单元学习目标是:学习准确描写景物的特点。我将《秦兵马俑》定为精读课,用两课时教。因为该文将兵马俑的规模宏大、类型众多介绍得准确生动,需要带着学生细细品读学习。《长城》《颐和园》相对来说,阅读难度不大,而且两文中正好有相似的语言现象可供琢磨,就放在一节课里学习了。下面也摘录一段课堂教学实录:

师:在《颐和园》这篇课文当中,除了用到比喻句之外,也写到了"长"。(出示)

绿漆的柱子，红漆的栏杆，一眼望不到头。这条长廊有700多米长，分成273间。每一间的横槛上都有五彩的画，画着人物、花草、风景，几千幅画没有哪两幅是相同的。

师：比较一下，这两段话在写"长"的时候有什么不同？
（出示《颐和园》与《长城》的两个语段）
生：写长城是先用比喻句体现它的长，写颐和园长廊的时候直接用文字写出有多长。
师：作者写长廊怎么不用比喻呢？写景色的文章如果用个比喻，多好啊！我得给它加个比喻。（出示对比段）

绿漆的柱子，红漆的栏杆，一眼望不到头。这条长廊像一条长龙……

远看长城，它像一条长龙……

师：我说它像一条长龙，行不行？
生：不行！
师：为什么不行？
生：因为长廊不像长城那么壮观，没有那么高。
生：颐和园的长廊也没有那么长。
生：在颐和园里放一条长龙非但不美丽，而且有点吓人。
（生笑）
生：因为长城非常雄伟，比作长龙就能体现古代劳动人民修筑的时候很辛苦。长廊那里的景色是很美丽的，用长龙来比就有点不恰当了。
师：原来运用比喻一定要恰当。我们再看一个句子——（出示）

长廊两旁栽满了花木,这一种花还没谢,那一种花又开了。微风从左边的昆明湖上吹来,使人神清气爽。

师:美吧?我又要改了——(出示)

长城两旁栽满了花木,这一种花还没谢,那一种花又开了。微风从左边的山谷里吹来,使人神清气爽。

(全班笑)

师:一边爬着长城,一边欣赏小野花,多好!一边爬着长城,一边凉风习习,多舒服啊!(生齐说"不行")为什么不行?

生:长城是雄伟壮观的,花是比较漂亮的,所以放在一起有点不合适。

师:一个柔和,一个壮观,硬搭在一起就不合适了,所以我们在写的时候要选择。

生:因为长城是军事要地,士兵驻守在那地方,如果种花木的话,就会让士兵分心。

师:长城是防御工事,作者要写长城雄伟,即便旁边有花,也不必去写它。

在这节略读课中,我没有逐一分析两篇课文,而是选择了两个要点,组织学生比较分析。基于精读课的学习经历,在比较中,学生很快明白描写景物关键是准确地写出其特点,不能一味地多加修辞手法,多用漂亮辞藻。词句使用是否恰当,要依据语境来定。如果一课教一文,要讲清这个知识点,很容易变成灌输抽象概念。但一课教两文,多了教学资源,就能设计出言语实践活动，让学生在活动中自行感受语言现象，以及现象背后的思想情感。

一课教两文，对教师的文本解读能力、文本再构能力、教学设计能力都有较高的要求。一课教两文，能提高课堂思维含金量，学生经历这样的比较分析，既能提升阅读能力，还能优化思维方式。

略读课在单元整合教学中起到了巩固学习效果的作用，因此要围绕单元目标和精读课目标来确定教学目标。应该基于课文特点，将知识点、能力点设计于言语实践活动中，让学生获得聚焦式的学习经历。应该精心选择再构文本，为教学提供良好的基础条件。本文提及的四种教学策略是较为常见的，操作上也已较为成熟。教无定法，相信随着研究的深入，同行们还能摸索出更多更好的略读课教学策略。

2018年10月5日改定

小学整本书阅读指导的偏与正

小学阶段的语文学习离不开教材和课外阅读。在日常的语文课中,教师利用教材创设言语实践活动,让学生在听说读写的练习中学习他人的表达方式,进而将其内化,逐步获得正确运用语言文字的方法。与此同时,如果能辅以大量的课外阅读,让学生获得更为多样的言语实践机会,那就不仅能提升学生学习语言运用的效率,还能扩展其视野,涵养其情感,发展其思维,增益其见识。为此,2011年版的《语文课程标准》中要求小学生课外阅读量不少于145万字。统编教材也专门设置了"快乐读书吧"栏目,将整本书阅读指导纳入日常教学中,以此促进课程目标的达成。

推动阅读是全社会的共识。近20年来,各地不少教师、阅读推广机构在整本书阅读指导方面做了大量实践,整本书阅读指导的基本范式已经形成:导读激趣,学生自读(完成阅读单),交流感受,拓展练习。先用导读激发学生的阅读兴趣;然后提供时间让学生自主阅读完书,并填写阅读单;接着用班级读书会的形式组织学生交流阅读心得;最后如果有需要,还可以根据图书内容设计拓展活动,让阅读成果变成适合儿童的生活体验。

理念上的共识,完善的教学模式,质量较高的书单,这些推动整本书阅读的核心条件目前都已具备，只要学校能提供开展阅读活动所需的物质条件，整本书阅读指导工作按理就可以有效进行，但实际情况却并不乐观。下面从三个角度来谈。

一、小学整本书阅读指导的教学目标被拔高

一位老师指导三年级孩子全班共读一本不到 200 页的成长小说。阅读后要求学生再自行阅读一本厚达 400 页的同类小说，并在阅读单上分析两本书创作手法的不同。

另一位老师组织高年级学生共读一部小说，读前要学生先阅读《如何阅读小说》，然后根据《如何阅读小说》中的论述撰写一份阅读小说的计划书，依据计划阅读小说，分析小说中的环境、人物、情节的作用。

一位初中语文老师曾对我开玩笑地说，希望小学老师能留一口饭给他们吃。看到上述两个案例，我忽然觉得有的小学老师竟把中学、大学老师的饭全抢了。如此拔高要求，讨论的话题远离小学生，何谈推动阅读。

在 2011 年版《语文课程标准》中，虽然没有对小学整本书阅读指导的目标做集中论述，但在"学段目标与内容"中还是提到了相关要求：第一学段，喜欢阅读，感受阅读的乐趣。养成爱护图书的习惯。课外阅读总量不少于 5 万字。第二学段，养成读书看报的习惯，收藏图书资料，乐于与同学交流。课外阅读总量不少于 40 万字。第三学段，扩展阅读面。课外阅读总量不少于 100 万字。

从上述论述中，我们可以提炼出小学整本书阅读指导的核心

目标是：激发学生的阅读兴趣，培养学生的阅读习惯。这个目标是符合儿童阅读规律的。激发阅读兴趣，一是要让学生自主选择图书。小学生对世间万物抱有极大的好奇心，让他们根据自己的好奇心，自由选择图书阅读，满足好奇心理。解决了一处好奇，又产生一处新的好奇，然后再从书本中自行探索，这样的良性循环是最好不过了。二是要站在儿童的阅读趣味角度推荐书。我爱看电视连续剧《福尔摩斯探案集》，有些内容能绘声绘色地复述出来。每当我新接一个四年级班级，就会花一周时间，为他们讲福尔摩斯探案的故事，每天讲一段，讲到紧要处就来一句"要知后事如何，且听下回分解"。通常两周之后，班级中有一半以上的孩子会自行购买《福尔摩斯探案集》。这是因为小学生喜欢听故事，听得入了迷，不想再被老师吊胃口，自然就去买来读了。

我给三年级孩子推荐《戴小桥全传》时，用的是朗读片段的方法。作者梅子涵老师在写作中使用了不少上海方言，我朗读时也用上海话。小朋友们听得哈哈大笑。其实，有些句子在成年人看来没有什么好笑的，比如他们总说我做事不肯动脑子，可是他们自己这叫做事动脑子了吗？我看也没有怎么动。因为如果动的话，那么他们就应该想到，"戴小桥"一叫就能叫成"大香蕉"的。不信，你试试，戴小桥，大香蕉，戴小桥，大香蕉，怎么样，戴小桥——大香蕉吧？"戴小桥"用上海话读，读得快些，就会变成"大香蕉"。孩子们往往会因为这样的谐音而感受到快乐。这就是儿童独特的阅读趣味。刘绪源先生在论及儿童文学的审美时，曾列举出三种理论：第一，儿童文学是教育的，艺术作为手段完全服务于教育目的；第二，艺术既是手段也是目的，作为手段它承载教育内容，作为目的是指载体本身也有审美价值；

第三，艺术不是手段，而是审美整体，对艺术品来说，艺术审美就是它根本的和最高的目的。我是第三种理论的信徒。小学生因为老师的朗读而对谐音进行审美，获得快感，自然会产生阅读兴趣。如果读一本书，总是想着要从中受到什么教育，不要说小学生，就是成人也不会喜欢这样的阅读。

一段故事，一次朗读能让学生对书产生兴趣，但如果不加维护，时间久了，兴趣会淡化。要想保持好学生的阅读兴趣，教师需要为他们创设固定的阅读时间和良好的阅读环境。更重要的是，要为学生搭建交流分享阅读体会的平台，当自己的阅读感受与他人的发生碰撞、交换、再构，兴趣就能逐步变成习惯，这是保持兴趣的最终目标。

二、小学整本书阅读指导的教学形式有待创新

儿童是天然的阅读者。但由于各种原因，现在有些儿童进入小学时，已经失去了天然阅读者的属性。特别是当教师组织学生自由阅读时，他们往往会频繁更换图书，或者随便翻上几页后就把书放在一边无所事事。要使这样的孩子发生转变，必须得依靠有效的阅读指导。当然，有效的、创新的阅读指导活动会对所有孩子产生巨大作用。有效是指学生经过教师的指导，在阅读活动中获得更多更真切的阅读感受。创新是指整本书阅读指导活动的内容与形式和一般的单篇文章的阅读指导应该有所不同。而目前见到的整本书阅读教学大致有以下问题：

只导不读的导读课。导读课上，教师通常会让学生看封面，看作者姓名，看出版社，看插图，猜书中内容。然后看目录，继

续猜书中内容。有时还会指导学生看版权页，看勒口，看腰封，看封底。导读的核心部分往往是选一个片段，做一番分析讲解。了解书的相关信息当然有必要，但40分钟一节课，说来猜去，就是不让学生自己读书，总是有问题的。特别是当学生因为导读已经产生了阅读的愿望，教师实在没有必要继续讲、继续问了。

以教师为主导的班级读书会。我看到的班级读书会的内容大致是梳理情节线索，圈画核心人物，然后教师根据自己的理解，设置一些话题，讨论分析对比，最后得出一个结论。整节课大都是以教师为主导，牵着学生往前走。现在一般的课文阅读教学都要求给予学生自主学习的经历，整本书教学更应该往这个方向努力。上述流程能真正体现整本书阅读的特点吗？

家长代劳的读书拓展活动。书读完了，有些教师会设计一些拓展练习，让学生结合阅读体会，联系自己的生活做一张图表，写一封信，做一份小报，等等。但这样的拓展练习通常是在家里完成的，于是家长就成了真正完成作业的人。这样的作业有多大意义呢？

导读课的意义在于，导读后，学生能趣味盎然地拿起书来专注地读。导读时教师可以选择书中最有特色的内容读给学生听；导读时可以让已经读过该书的孩子分享一下自己的阅读体会；导读时可以播放与书相关的影片片段；导读时可以将与书中内容相关的信息提供给学生，减少其阅读时的障碍；导读时当然还可以让学生做一点预测。可以采用一种方法，也可将几种方法整合起来用。导读课上，学生一定要有书。导读的时间控制在20分钟左右就行，剩下的时间让学生自由读书。此时，教师可以留意哪些孩子阅读状况不理想，然后找出原因，及时改进。或许有老师会说，因为要上导读的公开课，所以只能只导不读。这种想法是错误的。不管是公开课还是家常课，都是为学生服务的，不是为了展示教师。如果导读课上 20 分钟是最合适的，为什么不能调整公开课的时间呢？

　　班级读书会是学生交流阅读心得的平台。教师应该在学生阅读过程中，及时交流，时时留意，收集学生阅读中的兴奋点、困难点，然后结合书的主题内容、表达方式等方面的特点，将其设计成分享话题，用朗读、表演、辩论、讲述等各种形式来呈现。交流内容应该少而精，以便让更多学生能参与其中。组织班级读书会，教师的功夫应该用在课堂之外，等上课铃响，就可以将讲台让给学生了。单篇课文阅读是为了帮助学生学会基本的运用语言文字的能力，整本书阅读则是为了让学生通过阅读，了解他者，反观自身，获得快感，由此养成终身阅读的习惯。阅读整本书固然会对学生的语言运用能力有提升，但那不是整本书阅读的首要目标。而且，教师在班级读书会中，不仅是组织者，更是分享者、倾听者、学习者。因此，整本书阅读指导应在教学形式上积极创新，与单篇课文教学有明显区别，否则前述目标将无法实现。

　　对于拓展练习，教师们往往习惯于校内布置要求，让学生回家完成。以制作小报为例，有的老师会要求学生读完书后，将自己的心得体会，书的内容提要等内容做成一张小报。如果要求做成电子版的，那么它基本上就变成家长的作业了。如果要求做成纸质版的，那么抄抄写写画画排版，要耗费大量时间，而且能力弱的孩子几乎无法完成。如果一次作业，只适合能力强的孩子，这样的作业是不妥当的。能否将制作小报放在课堂上完成呢？我想是可以的。教师可以先将学生分成若干小组，并让学生自行分工,有的撰写读书心得,有的做句段摘抄,有的写内容提要等。材料准备就绪后,在课堂上教学生排版美化,组合素材,并将其粘贴在海报纸上。如此,既降低了不必要的难度,又让学生都行动起来,获得别样的学习经历。在我看来,拓展练习的基本教学思路应该是,布置要求,让学生在课外获得实践体验积累素材,然后在课堂上指导学生梳理信息,形成成果。

总之,教师在做整本书阅读指导时,要突破常规教学形式的思维定式,把握整本书阅读的特点,从儿童阅读规律和阅读成果出发,确定讨论话题,采用创新的适宜的教学组织形式,方能让学生真正喜欢上阅读。

三、小学整本书阅读指导的评价方式应慎重考虑

有了教学指导,有了学生阅读,自然就产生了一个评价问题。一说到评价,首先想到的就是做考卷。与教学形式的创新一样,整本书阅读的评价方式也应慎重考虑,用做题来考查学生阅读情况的办法应缓行。

目前见到的整本书阅读的考题,大致是信息提取和整理、阐述作品的创作特色、针对某个观点谈自己的感想。第一,作者姓名之类的简单信息,学生很容易就能回忆出来。但是复杂信息的提取就会有问题。比如,如果考试是 6 月举行,而书在 3 月就读过了,考试时书中内容已经淡忘,信息就无法提取完整。阅读时,不同孩子的兴趣点可能不同,如果需要提取的信息正好是学生不感兴趣的,学生就容易答不出来。面对这些情况,能否就判定学生没有读过书呢?第二,有些老师有丰富的应试经验,会在

考试前将可能考到的书中的主要内容、创作特色等信息整理出来，让学生背熟。一旦考到，学生没有读过书也能答得很好。这样的考题能引导学生读书吗？第三，根据一个观点谈自己的感受，那就必须言之有物，言之成理，但在闭卷考试的情况下，手边没有资料，小学生能达到这样的要求吗？如果降低要求，只要随便谈谈，那么这样的试题能体现整本书阅读的价值吗？

理想的整本书阅读评价，应该是通过评价激励学生更好地阅读，而不是加重其学习负担，在大量刷题反复复习中消磨阅读兴趣。所以用试题来检测整本书阅读情况，弊端极大。不是所有教学行为都要通过书面考试才能检测效果的。其实，评价小学生整本书阅读状况，途径很多，比如检查阅读报告单的完成情况，组织开展与阅读相关的主题活动，利用小程序打卡读书，上传音频诵读段落、交流心得，等等。教师应该转变观念，加强过程性评价管理，在阅读过程中帮助学生养成阅读习惯。

如果迫不得已非要用试题检测小学生整本书阅读情况，那么考题的设置也应从长计议，好好研究。比如，可以将书中某个内容印制在考卷上，让学生阅读之后，选择其中的素材，针对一个话题写作文。这就把整本书阅读与作文结合起来了。只要话题是贴近学生的，学生一定会有话可说，这样既能检测学生阅读后的收获，又解决了多年来作文命题不切合学生实际的旧病。

另外还应注意以下几点：第一，不要单独设立整本书内容考核板块，而要与语文试卷中的其他习题有机结合。第二，谈自己的观点这类主观题，要贴近儿童并提供一些资料，而且在表达形式上要有一定的要求，以利于评分。第三，不出只需背诵就能回答的客观题，应立足于阅读表达能力的综合运用。

读书是一辈子的事情,小学整本书阅读重在激发兴趣和培养习惯,不要急于让孩子获得多少知识。来日方长,在小学里把基础打好便已功德无量了。

2018 年 8 月 12 日

长篇童话阅读指导的四个策略
——以《宝葫芦的秘密》阅读指导为例

随着阅读整本书的要求进入了教材,近几年越来越多的教师开始实践、研究整本书阅读指导方法,并取得了阶段性成果。比如,导读课、推进课、交流课、拓展课四种阅读指导课型已经被广大教师同行认可,并运用于教学工作中。不少学校、阅读推广机构已经研制出比较成熟的推荐书目。各类大型教学展示活动中,也可经常见到高质量的整本书阅读指导课。不过,由于小学整本书阅读指导工作起步较晚,因此在不同种类图书的阅读指导策略研究上还有很多工作需要做。本文以《宝葫芦的秘密》阅读交流课为例,谈一谈长篇童话的阅读指导策略。

《宝葫芦的秘密》是张天翼先生的代表作之一,创作于1957年。故事的主人公王葆听奶奶说起宝葫芦的故事,就渴望自己也能拥有一个宝葫芦,为自己实现各种心愿。果然,宝葫芦出现了,并愿意让王葆做自己的主人。于是,王葆想钓鱼,水桶里就出现了各种活鱼。王葆肚子饿了,他的手中立刻出现了美味的食物。王葆想看《科学画报》,宝葫芦就将其变到王葆的书包里。王葆与同学下象棋,心里想着要吃掉对方的棋子,那棋子就飞进王葆的嘴里。面对宝葫芦的神通广大,王葆一开始还有些得意,可后来就高兴不起来了。因为宝葫芦变出来的东西都是偷来的，这让王葆数次在同学、老师面前尴尬万分。最后王葆再也不能忍受宝葫芦了。他醒了——原来是个梦啊。

《宝葫芦的秘密》故事情节起伏，语言充满童趣，很适合中高年级学生阅读。我在阅读指导中使用了以下四个策略：

第一，漫谈人物，勾连情节。

《宝葫芦的秘密》这类作品大都篇幅较长，当学生读完整本书后，教师需要了解学生阅读情况。组织学生交流印象最深的人物，是较为简便有效的方法。通过谈论人物，串联起书中的主要情节，为学生提供一个内容复现的过程。教师可以出示作品中的主要人物或者次要人物，让学生漫谈分享，分享中一定要做到言之有据，即说清楚为什么该人物让自己留下了很深的印象。交流中，教师要仔细听取学生的发言，及时发现学生独特的阅读感受。比如，交流《宝葫芦的秘密》时，我发现没有一个学生说到王葆和宝葫芦，学生印象较深的都是王葆的同学，甚至是小偷杨拴。当学生交流结束后，我问：为什么大家没有提到王葆和宝葫芦？你们对他们印象不深？学生回答：整个故事因为有了那些旁人才得以展开，所以不觉得王葆和宝葫芦是故事的主人公。这个理解当然不准确。我记在心里，在后面的交流中进行了引导点拨。帮助学生复现故事内容，是开展后续交流的基础，如果能有效使用这个策略，教师就能较为全面地了解学生阅读之后的想法，然后有针对性地设计后续交流话题。

第二，发现冲突，比较探究。

一个故事如果吸引人，故事情节中必定有矛盾冲突之处。提取出矛盾冲突点，然后进行比较探究，是一种有效的阅读方法。

因此，教师在指导学生阅读之前得认真阅读作品，充分准确地理解作品的故事内容、主题内涵；然后用适切的方式引导学生探究思考。我在指导阅读《宝葫芦的秘密》时，列出了宝葫芦为王葆变出的一桶鱼、电影票、象棋子、《科学画报》、数学试卷，请学生讨论王葆得到这些东西后的感受。然后将讨论出来的结果写在黑板上，请学生观察思考：得到心里想要的东西，本该开心才是，为什么王葆的感受都是不开心的呢？通过这样的比较，学生就能自然而然地理解作品的主题，而不是由教师直接说给他们听。教师示范提取、比较信息，然后再组织学生操练，让其获得高阶思维能力的训练，这对学生未来的阅读及学习生活会产生很大的正面影响。

第三，紧扣文字，感受人物。

经常有家长说，自己的孩子喜欢读书，读书也多，可就是不见他们把读到的东西在自己的作文里呈现出来。我一向认为，不会写往往是因为不会读。小学生读课外书，常常只关注情节，浮于表面（这是正常的）。因此，读完一本书，留在脑海里的就是一些故事情节。时间一长，甚至连故事情节都会忘记。如何才能让学生真正读进书本？最好的方法就是带着学生去品味琢磨文字。一个精彩的故事里必有经典的人物形象，经典的人物形象一定是靠着各种细致的描写来呈现。教师要从中提取出一部分典型的句子，引导学生透过文字感受人物特征。紧扣文字讨论人物、情节，才能让学生从读到会读，一旦会读了，就意味着词汇句式完成了内化被积累下来。当学生有了相似的生活经历或者感受，自然就能用合适的表达方式写出来。在这里要强调的是，华丽的辞藻不一定是典型的句子。我在指导阅读《宝葫芦的秘密》时，

出示了宝葫芦提出的约定:

  约定一:你得到了我,你得绝对保守秘密。
  约定二:世界上只有你一个人可以知道我的秘密。
  约定三:你知道,我既不是工人,也不是农民,也不是艺术家,又不是园艺家——我只是一个宝贝。我当然做不出这些个玩意儿来,我只会把别人做好了的给你搬来。

  还出示了王葆的内心独白:

  我该多么惊讶呀。我只知道我自己有这么一种特殊的幸福,要什么有什么,可我从来没研究过这些东西究竟是怎么来的。反正这是宝葫芦的事:它有的是魔力,难道还变不出玩意儿来?

  这些句段里没有所谓的"好词好句",全是平实的叙述,但它们却是引导学生感受立体丰富的人物形象的重要素材。世间本没有固定的"好词好句",用得合适准确的词句就是最好的词句。
  第四,关联自身,拓展想象。
  阅读别人的作品,最终是为了读出自己。也就是说,读书不能"忘我"。对于小学生而言,更要努力培养在阅读中关联自身的习惯和能力。
  《宝葫芦的秘密》是部童话,梅子涵先生说,相信童话。有的时候想想这话,真对。如果对"相信童话"无感,那么读《宝葫芦的秘密》,估计只能读出说教——宝葫芦是假的,不要幻想不劳而获。当然,读出这个,也是正常的。只是,如果只读出这个，那就有点儿可惜了。在我看来，《宝葫芦的秘密》有点儿像成长小说。一个小孩子希望拥有一些神奇的物件，很正常。当王葆得到了宝葫芦，宝葫芦接二连三地满足了他的心愿，他很开心。可是当宝葫芦用偷的方式变出更多的东西时，王葆犹豫了、困惑了，最后他决定不要宝葫芦了。这个变化过程，不是一个儿童成长的隐喻吗？其实，即便儿童长大了，依然幻想自己有个宝葫芦，也是很美妙的事情啊，只要这不是一个偷东西的葫芦。

以上这些想法，张天翼先生可能未必同意。不过，没关系。按照现代文学鉴赏理论，一部文学作品是由作者和读者共同完成的。好的文学作品应该可以多元解读，让不同的读者读出不同的感受，才能显示出作品的张力。所以，我在指导阅读《宝葫芦的秘密》时，特意设计了一个话题：如果你有一只宝葫芦，会让它为你做什么？学生从自己的日常生活、阅读经历出发，分享交流。不论是天马行空的奇思妙想，还是现实生活中能够实现的期望，都讲得非常好。

引导学生养成在阅读中或者阅读后，联系自身的思维习惯，能给学生带来更多阅读的快乐，亦从阅读中得到更多的滋养。

导读课是为了激发学生阅读的兴趣，推进课是为了促进学生更好地自主有效阅读，交流课是为了让学生将阅读感受分享出来从而获得阅读快感，拓展课是为了用各种形式多样的活动让学生将阅读感受运用于生活中。四种课型中，最需要花时间设计的是交流课。几乎可以这样说：交流课上的话题设计和教学策略的运用决定着整本书阅读的质量。因此，根据学情和书的具体情况，不断摸索出有效可行的阅读指导策略是当下很迫切的工作。

2019 年 4 月 1 日

《经典共读实操手册》序言

2011年版的《语文课程标准》中,对小学生课外阅读的字数规定为不少于145万字。要达成目标,就要指导学生读整本书。读整本书,不是新鲜事物。古人一直是用整本书当作教材教语文。20世纪三四十年代,叶圣陶先生那代语文教育家们对此也有很好的实践与研究。叶圣陶先生在《略读指导举隅》前言中写道:

学生从精读方面得到种种经验,应用这些经验,自己去读长篇巨著以及其他的单篇短什,不再需要教师的详细指导(不是说不需要指导),这就是"略读"。就教学而言,精读是主体,略读只是补充;但就效果而言,精读是准备,略读才是应用。

这里的"略读"指的就是读整本书。前言中还从版本指导、序目指导、参考书指导、阅读方法指导、问题指导等方面阐述了读整本书的方法。叶先生认为,教师如果在日常教学中只关注单篇短章的精读,而忽视整本书的教学,将不利于读书习惯的培养。叶先生甚至还提出假设:

国文教材似乎该用整本的书，而不该用单篇短篇，象以往和现在的办法。退一步说，也该把整本的书作主体，把单篇短章作辅佐。

几十年过去了，语文教材虽然仍以单篇文选的形式呈现，但整本书教学正越来越受到老师、家长的关注。许多老师，许多热心于儿童阅读的机构都在做整本书阅读指导与推广工作，并积累了不少好的经验。那么，理念、经验如何变成广大一线教师在教学中可以直接使用的操作方法呢？我们想到了编制一套阅读单。

我们结合自己的儿童阅读指导实践，从多份比较权威的书单中挑选出适合小学生（三至六年级）阅读的32本（每个学期读4本）经典图书，挑选时兼顾了古今中外，自然人文，以便儿童形成较为全面的阅读视野。每份阅读单的设计都是基于细致的作品研读，以及对不同年级孩子阅读特点的通盘把握。阅读单体现了我们对小学整本书阅读指导的几点思考：

第一，整本书阅读指导与单篇课文的阅读教学，在功能上是不同的。简单地说，单篇课文的教学是为了让学生获得运用语言文字的能力。整本书阅读是为了培养学生阅读习惯，激发学生阅读兴趣，并运用课内学到的阅读方法，让学生建构阅读整本书的策略。因此，阅读单中的很多话题都是开放的，没有标准答案的。教师指导学生交流阅读感受时，只要大家能直抒胸臆，言之有理就好。唯有进行真实的阅读分享，学生才能真正喜欢上阅读。

第二，内涵丰富是经典作品的特征，因此我们倡导共读经典，学生、教师、家长一起读，共同分享阅读感受，在阅读中共同成长，是最理想的状态。所以每一份阅读单在教师手中，它是一份教案。它告诉教师阅读一本书可以分成几节课指导，每节指导课可以怎么上。阅读单到了学生手中，它是一份学案，如果没有老师指点，根据阅读单的提示，或个人或同伴合作，也能高质量地完成阅读。阅读到了家长手上，它是一份可操作的阅读指导方案。和孩子一起读书，一起画画写写，剪剪贴贴，那是多么美好的亲子时光。

第三，为了让阅读单有助于小学生阅读习惯的培养，阅读兴趣的激发，我们在阅读单的图案、色彩、话题呈现形式等方面做了诸多努力。但请别只关注外在形式，有些阅读单的板块之间，板块内的话题之间，都有着密切的逻辑关系。教师在指导学生阅读前，可以先对话题之间的关联做一番了解，那会使阅读指导更加有效。

第四，阅读整本书应该是一件愉快的事，虽然每一份阅读单中的题目不少，但是请千万不要将其当作语文练习册来使用。这绝对不是我们的初衷。读完一本书，要从头到尾做完几个板块所有题目，对于一部分学生而言，是不会觉得愉快的，甚至他们会因为阅读单而讨厌阅读。阅读单其实是一个资源库，其中的话题丰富多样，大家可以根据自己的教学特点、阅读感受和学生的阅读情况灵活地选择使用。良性使用，适度使用，不要让它成为儿童阅读的负担。趣味性永远是我们强调的第一要点。如果教师从这些题目中得到启发，还可以自己编制新的话题，让阅读活动更贴近自己的学生，更有意思。阅读单是一个支架，是一座桥梁，引导孩子从策略阅读的一头，走向广阔无垠的自由阅读彼岸，实现终身爱阅读的目标。这是我们所乐见的。

　　我们很希望这套阅读手册是一扇门，让儿童推门而出，感受无限的阅读美景；我们很希望这套阅读手册是一座台阶，让儿童拾级而上，慢慢学会阅读，体验原来没有过的阅读快感；我们很希望这套阅读手册是一条通向远方的道路，老师、家长与儿童愉快地同行，留下阅读的足迹，走向更广阔更多彩的阅读世界。

2018 年 5 月 30 日

小学语文网络直播课的教学策略

2020年1月，新冠肺炎疫情突然爆发，全国各级各类学校无法正常开学。于是，很多小学教师开始尝试上网课。运用信息技术开展教学，不是新鲜事物。日常教学活动中，课件、白板、微课等技术早已广泛使用。但教师坐在电脑前直播上课，全班学生在家听讲，而且时间长达数月，这对全日制学校的师生来说，还是第一次。网络教学的教学环境、师生互动方式、教学情况的反馈等，与传统的班级授课制相比，有很多不同。因此本文将以五四制小学语文五年级下册第一单元的教学为例，探讨网络直播课的教学策略。

一、教学语言口语化

小学教学对教师的教学语言有较高要求，在各种教学评价表中，教学语言规范是不会缺席的指标。因为学科特点，对小学语文教师的教学语言，要求更高些。在很多公开课上，一些语文教师的音色、声调几乎可与专业播音员媲美。不过，在日常教学中，如果完全用专业播音员播音的状态上课，则是不合适的。因为教学需要互动，师生需要言语交流，播音状态不是日常对话的状态,所以如果整节课都以播音的方式讲话,会与学生产生疏离感。在网络直播课中更不能如此。直播课中,必须使用口语化的教学语言。

我在讲解古诗《稚子弄冰》时,这样说:冬天的清晨,一个小孩子从脸盆里叮叮当当地敲下一大块冰,穿上丝线,做成银钲。他和小伙伴们一路敲着冰到小树林里玩耍。冰发出清脆的声响。突然,"哗啦"一声,冰碎了。小伙伴们嘻嘻哈哈地笑起来。我用这样的讲述,启发学生想象,在脑海里形成画面。诗歌中没有写到小树林,没有写到一群孩子,没有写到象声词。可是,如果不用家常讲故事的形式去说敲冰的"叮叮当当",冰块碎裂的"哗啦哗啦",小伙伴们的"嘻嘻哈哈",而是在屏幕前正襟危坐,解词析句,学生就无法联想出画面,怎么可能真正感受到稚子弄冰的乐趣呢?怎么能感受到学古诗词的乐趣呢?

当然,口语化不是说话随意,更不是不规范。教学语言口语化是指尽量说短句子,不说长句子。短句子中的信息容易被听众吸收,并让听众产生亲切感。必要的地方可以适当重复。因为学生一个人坐在电脑前听课,家人的说话声,屋外突然传来的声响,书桌上的一个小物件,难免会影响学生的注意力。重复几次,可以引起学生注意。说短句子不是把话说得鸡零狗碎,词不达意。短句子也要注重逻辑,特别是在讲解知识点的时候,更要力求表达得清楚准确。教师在网络直播课中的言语状态应该比日常教室中的更自由,教师可以在讲课过程中适时地增加肢体动作和表情,针对学生的反馈,教师可以思考,可以微笑,可以疑惑,让学生感觉好像就坐在老师的身边,让直播课堂灵动起来。

二、信息反馈分类化

因为教学语言口语化，学生容易被教师的讲课吸引住，整个学习状态也比较轻松，所以常常会在学习中冒出一些新奇的想法，并且在讨论区里写出来。在传统课堂教学中，学生也会产生即时性的感受，但是碍于课堂纪律和举手发言的交流形式，他们绝大多数时候不会将感受表达出来。网络直播课中的学习情况反馈会更及时更真切。因此，教师就需要具备较强的信息捕捉能力。学生反馈出来的信息根据教学目标可分成三类：第一，需要立刻解决不然将影响后续学习的问题；第二，可以与教学设计互动生成的问题；第三，在这节课上暂时不需要解决的，与本课教学目标关系不大的问题。

比如，教授《月是故乡明》时，一个学生突然在讨论区留言，问什么是"三潭印月"。借景抒情类文章中的各种景物往往与作者想表达的思想情感紧密相关，不及时解决疑问将影响学生后续学习，而且虽然提问的只是一个学生，但其他学生未必都明白。于是，我在此处稍作停留，问有没有同学能解释。讨论区里马上出现了答案，还有学生从网上找出图片放在讨论区内。一分钟不到，师生合作解决了问题。这是传统教室授课所做不到的。

又如，教授《祖父的园子》第一自然段时，我提到了作者描写了蝴蝶、蜻蜓、蜜蜂。一个学生留言说，让人眼花缭乱。我立刻接过话题，说，读者有"眼花缭乱"之感，是因为作者笔下的景物多样、色彩明丽、生气勃勃。这个"眼花缭乱"就是第二类信息，我将其与需要讲解的知识关联起来，让学生带着自己的感受明确这个自然段的主题，而不是硬生生地将主题灌输给学生。

及时捕捉学生学习中的反馈信息，对教师而言有一定难度。首先，教师需要有关注学生的意识。有了意识，才能真正发现、留意学生在学习中出现的情况。其次，教师对教学内容要熟稔于心。这样，面对学生反馈出来的信息，才能迅速判断，分类处理。最后，在平时的工作中要勤于练习。任何一种能力的获得都需要反复操练才行，教师唯有主动操练，方可提升教学技能。这样，课堂中的互动生成就会越来越多，教学过程会更贴近学生的需求，学生就会更喜欢学习。

三、教学设计步骤化

日常教学需要精心设计教学环节，网络直播课更是如此。因为一方面，直播课中教师能获得更多鲜活的反馈信息，教学过程更为开放。如果没有精心的环节设计，没有对教学目标和教学内容做充分把握，就可能无法正确及时应对教学中的各种情况。另一方面，在直播课中教师无法全面掌控全班学生的学习状态，所以必须通过精心设计教学环节，最大限度地吸引学生自主学习。所谓精心的环节设计，就是教学设计要步骤化。

比如《少年闰土》课后有一道习题：

读句子，注意加点的部分，说说从中感受到"我"怎样的内心世界。

◎我那时并不知道这所谓猹的是怎么一件东西——便是现在也没有知道……

◎我素不知道天下有这许多新鲜事……

◎阿！闰土的心里有无穷无尽的希奇的事，都是我往常的朋友所不知道的……

这道题看似简单，好像只要让学生读了课文，然后漫谈一下，就能完成。其实不然。教师要得到的绝对不是几个学习基础好的学生说出答案，而是让全班学生都懂得答案从何而来，并体验寻求答案的思维过程。为此，我设计了以下教学环节：

1. 你从"我"与闰土的对话中获得了哪些感受？
2. 从"我"与闰土的对话描写中，你发现了什么？
3. 完成课后习题：
   （1）这些句子中用了什么修辞方法？
   （2）反复的修辞手法的作用是什么？
   （3）说说"我"内心的感受是什么？

第一步，先让学生整体感知"我"与闰土之间的对话，感受到"我"对闰土很佩服，对自由的乡村生活很向往。第二步，让学生从表达形式上体会"我"当时的心情。文中将闰土的话写得很具体，"我"的话则写得非常简单。这样处理，是为了更好地写出"我"对闰土的佩服和喜欢。第三步，完成课后习题。这一步，又分成了三个小步骤。让学生先复习反复的修辞手法的作用，然后结合之前的感受，体会那三句话背后的含义。有了这样的层层铺垫，学生一方面能结合语言自然而然地理解主人公的内心世界，另一方面，他们此时获得的理解是深入的，而不是简单的一个答案，并且学会了解决这类问题的思维方法。

为了"抓住"学生，网络直播课的教学设计应该更讲究环环相扣，逻辑严谨，用一条问题链串联各个教学环节，使教学过程成为一道思维流。互联网只是在物理空间上将师生连接起来，但是连接的效果一定是参差有别的。而思维流却能把每个网络终端上的学生真正连在一起。

教学设计步骤化，从教师角度说，可以将课上得更游刃有余。从学生角度说，他们学得必定更扎实。教学设计步骤化，不是简单的环节化，而是把教学设计丰富化，建立思维逻辑链，并以问题串来搭建步梯，分层实现目标。

四、教学节奏多样化

因为小学生的有意注意时间比较短，所以教学中需要变化节奏和方式。如果一节课40分钟，教师只采用一种教学方式，学生很容易疲劳，影响学习效率。而多样的教学节奏和学习形式，使学生猜不出教师下一步会讲什么，从而能让其对学习过程充满好奇感。在网络直播课中，教师无法直接管理学生，无法知道学生是否认真听课，所以除了用精心设计的教学环节吸引学生外，还需要变化教学节奏和形式，让学生张弛有度，尽量持久地保持良好的学习状态。在实践中，以下问题需要留意。

首先，平衡教师讲授与学生参与的时间占比。在网络直播课中，教师一讲到底是非常不可取的。教师讲授过程中，一定要适切地增加学生的互动。通俗地说，就是要让学生有事可做，尽量让每个学生都动起来。比如，问一些答案比较简单的问题，让学生在留言区快速写出答案；或者让个别学生上线回答问题；或者让学生对同学的回答进行评价。教师教学生，有时效果不如学生教学生。让学生成为教师的助教，既可帮助后进学生，又可让"助教"巩固所学所得。教的过程和学的经历要保持平衡，才能让教学效益最大化。要特别说明的是，千万不要为"动"而"动"。无意义的"动"，会干扰正常的教学。教学中的"动"，第一要服务于教学目标的达成，第二要能调节学生学习情绪，第三要为攻克学习难点做铺垫。

其次，设计多样的学习形式。在直播课中，教师需要根据教学目标、教学内容设计比教室内教学更多样的学习形式，如朗读、思索、留言、圈画等。每一种形式实施之后，一定要有反馈、评价，肯定优点，指出不足。尤其要多鼓励，多表扬。一些家长在自家孩子上网络直播课时往往会陪读。教师对学生的鼓励，不仅能激励学生，更能激励家长，使家长也成为优秀的"助教"。一个老师，两类助教，这是传统课堂教学中不可能出现的，学习效果怎么可能不好？

其实，上述四个策略指向了同一个问题，即如何在网络直播课的环境中更好地吸引学生，促进学生自主学习。网络直播课的教学形式对传统课堂教学的改革大有裨益，非常值得继续深入探索。

2020 年 4 月 18 日

把"怯生生"改成"胆怯"

这学期,我带教了一个实习生——一个90后的小姑娘。小姑娘在大学里学的不是师范专业,却很想当小学语文教师。我告诉她,要做一名好的小学语文教师很辛苦,小姑娘浅浅地笑着说:"不怕。"小姑娘确实很勤奋,我的每节课都来听,听完还会问,问完还会说出自己的想法。两个月一晃儿就过去了。我对小姑娘说:"你来上节课给我看看。"她选了《绿毛龟》,说想用两节课把课文讲完。我同意了。我坐在教室门口听,小姑娘站在讲台前讲。和煦的阳光洒在教室里,洒在她的身上。我忽然想起自己初登讲台时的情景。第一节课上完,小姑娘羞涩地对我说:"老师,我讲得太快了,把两节课的内容都讲完了。"我笑着回答:"没关系,第二节课我来讲。"

第二节课上有个环节给我和小姑娘都留下很深的印象。

《绿毛龟》一文从三个角度介绍绿毛龟,分别是姿态高雅、食态可掬、通灵之性。我问孩子们:在介绍外形时,绿毛龟给我们的印象是"怯生生",因为它刚来到作者家里。那么在介绍"食态可掬"时,它的状态是怎么样的?学生们用很多两字词语道出自己的理解。我说:刚才我们用课文中的"怯生生"来归纳,能否把你们的感受也归纳成三个字?于是大家开始找词,几分钟过去了,孩子们面露难色。此时,一个孩子突然说:为什么一定要用三个字的词语呢?用两个字的词语不就解决了吗?把"怯生生"改成"胆怯"。那么第二个阶段就能归纳成"适应"。这个想法真是太好了。因为绿毛龟适应了作者家的生活,能自如地进食,所以作者才有"食态可掬"之感。接着讨论第三阶段,一个孩子说可以归纳为"融洽",另一个孩子说是"默契"。我请大家辨析哪个词语更好。大部分孩子都说"融洽"好,因为它写出了绿毛龟与作者一家亲密无间的状态。我也请说"默契"的孩子说明自己的理由,虽然能自圆其说,但最后大家还是选择了"融洽"。

下课后,小姑娘一下子走到我跟前说:"老师,那个说把'怯生生'改成'胆怯'的孩子太厉害了。"我说:"是的,这个环节完全不在我的预设之中。当你把学生真正当作课堂的主人,给他们足够的时间和空间,课堂就会迸发出你想不到的精彩。"小姑娘腼腆地说:"我刚才就是只想到了自己的教案,只顾自己讲,没关注学生的学习。他们只是在被动接受。我也明白要让学生多说多练,可就是不会引导。老师,要真正做到关注学生好难哦。有什么好办法吗?"

我知道,"好办法"就是指捷径,说实话,我想不出捷径。不过,有件亲身经历的事倒是可以说一说。

有一次,我去一所学校上公开课,走进课堂,正准备上课的课件,忽然听见一个孩子"哇"地叫了一声。课件装完,那孩子又"哇"地叫了一声。我抬起头,循声找去,那是个男孩子,虎头虎脑,坐在最后一排。现在,类似的特殊孩子并不鲜见,我便开始留意他了。那天,我上的是《将相和》。第一个板块是生字教学，我让学生在书本上练习写本课中两个笔画复杂的字。巡视到那个孩子跟前时，其他同学都已写完，而他连第一个字都没写好。男孩子见我站在他身边，连忙解释说："这些字第一次写，有点难……"我轻轻对他说："不要紧，慢慢写。"

第二个板块是梳理小标题。这次那个男孩子第一个举手了。我请他发言，想以此多了解一些他的情况。男孩子站起来大声说"负荆请罪"，口齿很清晰。虽然这个小标题在我的预设中不应该最先出现在黑板上，但为了鼓励他，我还是一边思考如何调整教学环节，一边把他的答案写在黑板上。这样的鼓励效果很明显，在之后讨论老师范读的优点时，他说："老师把句子中的一些字读重音，让人感觉到廉颇很自大，很看不起蔺相如。"在其他同学抓住一个关键词理解句子时，他特意将两个关键词放在一起来分析。他再也没有"哇哇"地叫。最后一个环节是比较原文与课文的区别，找出原文的优点。同学们发言太踊跃了，小男孩没有机会说自己的感想。下课了，他特地走到我面前，指着屏幕上的原文说："老师，我知道原文中的'相如请得以颈血溅大王矣！左右欲刃相如，相如张目叱之，左右皆靡'为什么会在课文里被省略？"

"哦，你说说看。"我很好奇。

"那是因为这些句子太血腥了，少儿不宜。"男孩子很郑重地点着头告诉我。

我觉得，这节《将相和》最大的作用就是激发了一个孩子学习语文的兴趣。课后，他对我说什么其实不重要，重要的是他主动来找我交流。

小姑娘听到这里，忍不住说："老师，这个孩子和刚才课堂上说'胆怯'的那个孩子是一样的……"

"哪儿一样了？"

"他们的思维都很活跃，有点不按常理出牌的意味。您看，别的孩子在讨论原文的优点，而那个男孩却在想原文中的句子为什么被删掉。如果我遇到这样的孩子，首先会提醒他注意课堂纪律，而您根本不提这个，反而给他提供了好几次发言的机会。所以他的思维一直处于积极的状态。不过，您就不担心他站起来说得乱七八糟？"

"说得乱七八糟有什么关系啊，说得不好，不会说，我正可以教他啊。老师不就是做这个工作的吗？如果学生们都能说得很好，回答得很好，那说明这课就不需要上了。"我答道。

小姑娘专注地听着。

"语文老师上课前要读懂课文，想清楚教学目标。这不是最难的。最难的是课堂上时时关注学生在学习过程中的状况。这种能力不是天生的，要靠一节课一节课地磨炼和积累。慢慢的，从有意识的留心，变成潜意识，变成一种本能反应。所以我说要成为一名好老师很辛苦。"

"其实，小学生也不是天生就会把'怯生生'改成'胆怯'的，而是靠一节课一节课扎扎实实教出来的。老师，您说我理解得对吗？"小姑娘若有所思地说。

2014 年 12 月 7 日

无他，用心手熟尔

一

因为沟通出了状况，学生坐定，活动主持人才发现要上的课文是下学期的，赶紧请人复印教材。听课的老师都入场了，学生开始念课前古诗。我一边听，一边想：学生对课文完全陌生，提前学下学期的课文行不行？复印教材的十几分钟用什么合适的方法填满它呢？一边想着，学生已经把诗读完，他们念的是《长歌行》——灵光一闪，有了——

"同学们，你们喜欢流行歌曲吗？"

好几个小朋友忙不迭地回答："喜欢。喜欢。"

"能不能说说喜欢哪些歌曲？"

一个有点腼腆的男孩子站起来说："……态度……"

我没有听清："请再说一遍，是什么？"

"《逆态度》。"这次听清了。一首从来没听过的歌。

"还有吗？"

"《丑八怪》！"一个小女孩大声地说。这次听清了。不过歌依然没听过。

"真没想到，现在的流行歌曲名字这样古怪。还有吗？"

最后一排的一个男孩站起来说了一个歌名,我完全听不懂。"你们会唱这首歌吗?"小朋友激动起来,异口同声:"会啊。"

"那就唱吧!"

教室里响起了嘹亮的歌声,虽然有点走音,但孩子们唱得很开心。

"老师真的老了。你们喜欢的流行歌曲,我完全没听过……"

"老师,我能猜出你那个年代的流行歌曲……"一个小女孩突然说。

"是吗?你说说看。"

"是《红星闪闪》……"我确实会唱这首歌,立刻唱了一句。

"老师我也知道你那个年代的歌,是《我和我的祖国》……"太厉害,又猜中,再唱一句。

"老师,还有《我和你》……"

"我和你,心连心,同住地球村……"没想到,我的声音在话筒里蛮好听的。没想到,孩子们都会唱,他们一起唱起来。

一曲歌罢,我问:"你们知道汉朝的流行歌曲是什么吗?"

孩子们不假思索,齐声应道:"《长歌行》!"太聪明了!

"老师教大家唱一唱最后四句吧。"我又唱起来,"百川东到海,何时复西归……"

虽然此时课文纸已经发下,但我们还是把歌唱完才上课。唱完歌的那一刻,先前的疑问都有了答案,对这堂课,我已充满期待。

课上完,活动主持人夸我沉着地处理了突发事件。我对大家说,这得感谢这个班的语文老师,因为她平时辛勤的工作,把学生培养得非常优秀,才能这样出色应对。"培养得非常优秀"说起来简单，做起来绝不容易，没有优异的职业素养和专业技能根本做不到。

二

前几年，上海《收获》杂志编辑部的叶开对小学语文教材教学进行了猛烈的批评，批评的同时还决心要编出一套好的教材。过了些时日，书出版了，书名——《这才是中国最好的语文书》。我先翻看了综合分册和小说分册，看出这两本书有几个好处。首先，叶开推荐了不少优秀的当代小说。其次，每部作品前有作者介绍、阅读提示，作品中穿插了不少分析，作品后有总评、拓展阅读的书单和思考题。这为中学生读者带来很多阅读的便利。最后，综合分册中的选文很有特色。比如选了周作人的两篇《鸟声》，放在一起，两篇文章相隔几十年，对比读来别有意趣。又如，叶开从《夏洛的网》中选了第三章和第六章。前者是肖毛翻译的，后者则是叶开自己译的。这种选法是第一次见到。肖毛的翻译我很喜欢，他的知名度不高，叶开选了他的译文，让我颇感惊喜、意外。每篇选文后面都有篇幅不短的评析，写得平实中肯。在一篇文言小说后面，叶开写道："现代白话文的翻译实在无法比拟原文之万一，别的不说，原文在韵律上的感觉，就已经完全丧失了。"我很赞成这个观点。

叶开是文学杂志编辑，编文学读本驾轻就熟。但将这套书称为"语文书"恐怕就不妥当了。这里的"语文书"应该就是指语文教材，而没有课程标准做支持的文本是不能叫教材的，那只是文学或者文章读本。在社会分工越来越细、各行各业越来越讲求专业性的时代，教育界里的编教材、上课、做培训，以及课题研究还是应该慎重一些为好。之所以这样说，是因为中小学语文教育这个最应该慎重的领域，一直是不慎重的"重灾区"。每过一段时间，社会各界就会对这个领域发出批评、建议。还经常有一些有思想的人士喜欢跨界给小学生上语文课。作为语文教师，我不怕批评，因为我知道，这个领域里还有太多问题需要解决。只是，我不想听那些片面的、外行的，甚至情绪化毫无逻辑的批评。我也不排斥跨界上课，像在京剧界，有些票友最终还跨界成了名角。如果哪位跨界上课的人士因为常上课而爱上语文教育，加入小学语文教师的队伍，我想同行们一定举双手欢迎。我反感的是作秀式的跨界上课，拿学生当道具，宣传自己所谓的理念，误导青年教师，贻害无穷。语文教育不是不能批评，但批评也好，建设也罢，都要有专业背景支撑。随便乱说，不负责任，说完拍屁股走人，是不可以的。至于夹带私货，攫取利益，更应痛斥。

三

今年，我又带了一个实习生。见面时我照旧说，做名小学语文教师很辛苦，要有思想准备哦。这是我的真实感受。因为做好教师所需要的专业技能不会凭空而来，只有靠勤学苦练才能得到，像解读教材、把握教学目标、设计教学环节、反馈教学效果、组织实施教学等，没有三年五载，学不会的，而且没有捷径可走。天资愚鲁如我者，板凳坐得十年冷，才悟到一点门道。最难的是把在课堂内外对学生的关注变成自己的潜意识，用心关爱每个学生，把技能训练与师生共同成长整合起来。所以，讲台真不是想站就能站的。

　　那节课后，一位老师上台交流听课感受，说很喜欢课前我与学生交流的环节。是的，我也很喜欢。短短10分钟，我活跃了课堂气氛，了解了学生的学习基础，更重要的是感受到自由、自信、主动、积极参与学习的班级文化，让我明晰了教学的基础条件，一下子兴奋起来。有老师问我：怎么会临时由学生念诗想到聊流行歌曲，唱流行歌曲，学唱古诗的？看似无意，却有设计，有什么窍门吗？"无他，唯手熟尔。"——如果每节课上都在关注学生的言行举动，探究个中奥妙；如果经常自觉地将日常见闻读书收获与教育教学关联起来思考；如果每节课后都写点笔记，及时反思改进，灵光就会乍现，实施时还能凭感觉随机应变，自如调整。

　　记得课上到最后一个环节，请学生想象，女娲补好天后的情形。小朋友们积极举手，一个女孩子说："天终于补好了。女娲与人们乘着马车到各地游玩，大家欢庆了五天五夜。小白兔拿出了自己最喜欢的胡萝卜，请女娲品尝。"小白兔献胡萝卜的场景估计是源于读过童话故事。"五天五夜"应该是受了课文中女娲用五天五夜冶炼五彩石的启发。课堂上，这类细节不少，它们体现了老师往常指导学生阅读，锻炼思维的成果。课堂上还有个情景让我难忘——教材到位后，我请学生自读课文，话还未说完，小朋友们已专注地大声读起来。学习习惯如此之好，可以想见老师平日里的用心和"手熟"。

　　活动结束时，主持人告诉我，那位语文老师工作极认真，常年教一到三年级，口碑绝佳。果然！

2016年10月23日

小鸟为何不出笼

一

2014年6月间，坐落于上海铜仁路333号的"绿房子"在修缮后开门迎客，千余位市民慕名而去，一睹"远东第一豪宅"的真容。"绿房子"是民国颜料大王吴同文的故居，建筑设计大师邬达克的收官之作，作家程乃珊笔下《蓝屋》的原型。听说此次修复工作共耗资1700万元，用了10万片新绿砖，3万块彩砖。不过，有些东西却无法重现了。

一个是住宅内舞厅里的弹簧地板。当时舞厅的弹簧地板用的不是金属弹簧，而是体积很小的扁担木。在扁担木上铺地板，地板就像按了弹簧一样，且比金属弹簧柔软舒适。然而，因为原材料难以采购，拥有制作手艺的工匠也大多上了年纪，弹簧地板的修复工作只得搁置。另一个是透光压花玻璃。住宅内的阳光屋呈半圆形，顶棚上原来装了12块进口的淡绿色漫透光压花玻璃，能将阳光柔化。"这次补的8块新玻璃，找遍上海算是最接近原来功能的，但透光效果与原先相比还是有差距。"工程人员如是说。

这样的事情这些年时常听到。有一次看电视，说一位观众家中有一副民国时期的老式眼镜不舍得丢弃，想修理，问了很多眼镜店，都说不会修，于是向电视台节目组求助。节目组费了九牛二虎之力总算找到一位能修的老师傅。老师傅看了眼镜后说，镜片需要打洞、装片，但做这些活儿的工具都没了，还是无法修。

信息时代，科技发展突飞猛进，新鲜事物层出不穷，老旧物件消失也快，而且面对消失，留都留不住，徒唤奈何。

我的同事王君喜欢各种简单实用质朴的老物件，当人人一部功能繁复的智能手机在手时，他依然用着老式的翻盖摩托罗拉。闲聊时，他常常由物件感叹到学校生活："我们当年刚工作时遇到的老教师做不出漂亮的课件，课也上得不热闹，但对学生是真了解真关注，而且能为学生解决真问题。像布置家庭作业这样的平常小事，老师们都会主动考虑到各学科作业量要平衡……"

旧事物，老做法，虽然在渐渐消逝，但不能就此说其无用。仔细想想，有时老观念、老做法甚至比新事物、新做法更能体现对人的关注，更有人文情怀。

二

有一次，我在一座大型体育场里听作文课。执教者拿来一个鸟笼，鸟笼里有一只小鸟。老师先让学生观察小鸟的外形，再讨论如果笼门打开，小鸟会怎么做。孩子们议论纷纷，大多认为小鸟会飞走。于是老师真的打开了笼门，但小鸟只是在笼内上下蹦跳，没有要飞出来的意思。这可太新鲜了。执教者也颇有趣，趴在笼边，大呼小叫，恳求小鸟出笼，小鸟却无动于衷。我坐在高高的看台上，忍不住想：如果小鸟飞出来，这课该怎么上下去呢？那时，会场里数千人的目光都将集中在小鸟身上，那会是怎样的一番景象？但我的想象没有成真，执教者请了一个孩子拿着食物逗引小鸟——小鸟依然没有飞出来。再请一个孩子学鸟鸣，那孩子学得真好啊，怕是在山间生活过吧，一声声"鸣叫"悠扬婉转——小鸟还是不出笼。善良的孩子们迷惑了。或许这就是执教者想要的——费尽周折激发出来的习作动机。果然，老师请学生写下自己的见闻与感受——真的是为了让孩子们写作文而设置的情境。听课至此，我对学生的习作已经没什么兴趣了，我的脑海里只有一个问题——小鸟为什么不飞出来呢？这违背鸟的本性啊。难道执教者对小鸟施了"魔法"？我很想在下课时去看看那只小鸟，可是下课铃响，就在我一低头的当口，鸟笼不见了。我在笔记本上写下一句话：如果为了所谓的创新而伤害小鸟使其无法飞出笼子，那么这节课就太糟了。

说到创新和继承传统的话题，我总会想起传统戏曲。前段时间在《文汇报》上读到陈益先生谈水袖的文章。文章里说——

昆曲中，无论生角、旦角，都会用抖袖的动作，意在拂拭衣衫，整饬形容。这看起来很简单，但若想在昆曲舞台上符合古人"敛袂"礼节，必须经过多年的严格训练，方能游刃有余。假如松弛宽懈、随意无序，便失去昆曲的古典意味了。袖，在中国文化中，从来就是一个内涵丰富的字眼。袖占（在衣袖内占卜）、袖刃（在衣袖中暗藏兵器）、断袖（男人间的同性恋）、袖手（藏手于袖，表示闲逸的神态，也指不能或不欲参与其事）、袖珍（怀藏袖中的小巧之物），林林总总，意味各不相同。昆曲作为一门完整地承载着明清社会历史文化的艺术，绝不允许对水袖这个象征物掉以轻心。

看似普通的袖子竟有如此多的学问。为什么不能"掉以轻心"？陈益先生进一步说明——

水袖身段往往是根据剧情专门设计的，有一定的规范，甚至制作身段谱，因因相承。但除了依章行事，还必须从角色的性格要求出发，仔细琢磨，精益求精。比如，舞台上男女主人公相互搀扶，不允许搭在对方肩膀上。一般是小生扬臂作外折袖，水袖从手背下垂，手臂齐于旦角肩膀，但是必须与对方肩膀保持二寸左右的距离，否则就不雅了。

"不雅"是因为失礼，通俗地说，就是因为坏了规矩。各行各业都有自己的规矩，也就是职业规范，不破规矩是从业者的底线。任何行业要发展就离不开创新，但是创新与坏了规矩是两回事。要想创新先得把行内的学问门道研究透彻。

小学教师站在讲台上，传授知识训练能力还是次要的，其主要任务是让学生养成良好的习惯，喜爱学习，有效学习，拥有健康的体魄，让学生对世间万物葆有好奇心、宽容心、同理心，让学生感受美好的情感并受到感染，让学生获得独立的思维力、判断力。教学创新应该基于此。弹簧地板做不出，民国时遗留下来的眼镜修不好，算了，可前辈教师留下的充满人性光芒的好经验还是得在创新前继承下来才好。

记得那天还有一个小细节，顺便写在这里吧：课临近尾声，老师让学生交流自拟的作文题目。一个孩子有感于小鸟对鸟笼的

"无限依恋",脱口而出——"留下是我的自由"。话音刚落,一些听课老师竟使劲鼓起掌来。我的脑子顿时"嗡"的一下。这就是传说中的"集体无意识"吧。

如果这节课有人文目标,那应该是培养孩子对自由生活的向往吧。可是课上到最后,学生怎么就得出相反的结论?但愿那只是学生随口一说的玩笑话。

2016 年 1 月 26 日

参赛记

记得是在2012年4月,我接到区教研室组织小学语文阅读教学比赛的通知。我将通知转发给一些年轻老师,鼓励他们参赛,谁知没人愿意参加。我一时兴起,决定自己参加。一来,我从未参加过这类教学比赛,将来退休了,会觉得职业生涯不够完满。而且常听人说,参加这类比赛如同扒掉几层皮,我想试试,看看是否真的这样痛苦。二来,当时我已经四十出头,我想用自己的行动激励学校里的青年教师,告诉他们,教师的专业成长与年龄不是负相关的。

比赛开始了,第一个项目是笔试。走出考场时遇到几个我带教过的青年教师,他们也是参赛选手。见到我,他们露出惊讶的神情,我忽然觉得脸有些发烫——换一个角度想,确实有与青年老师争荣誉之嫌。可是,开弓没有回头箭,只能往前走。

第二个项目是课堂教学比赛,区里要求拍摄比赛录像。我扛着录像机走进赛场,先自己调试好机器,再回到讲台前开始上课。评委看着我的举动暗暗发笑。我笑道:"老教师了,不好意思麻烦别人,自己的事情自己做。"

区里的比赛结束了,我被推选到市里再比,也是笔试加上课,最后获得了最高奖项。2014年4月,区里又推选我参加市里的作文教学比赛，也有幸拿到了最高奖项。

　　传说中的"扒皮"始终没有出现。朋友笑着说："你是成熟教师，参加比赛不必给你安排指导团队。这就避免了一会儿这位出主意，一会儿那位提思路，建议多得不知道听谁的好，自然不会觉得痛苦。"

　　经历了几次比赛，心愿达成，便不再作参赛之想。谁知今年上半年，突然接到通知，要我代表上海去南京参加全国小学语文教师素养大赛。我连忙谢绝——一则年纪太大，二则听说这个比赛不仅要比上课，还要比才艺，才艺我并不擅长。可主事者是朋友，一番说解后我还是答应了。

　　这样的比赛通常是要集训的吧，可是我整天忙于教书、读书，有了想法还喜欢动动笔，实在没时间。我想，就把每天上课当作训练吧。运动员是自己，教练也是自己。

　　没有想到11月的南京会那样冷。坐在赛场内，凛冽的寒风不时从头顶吹过。我只好将帽子、围巾全戴上。朗读比赛、板书比赛时，整个人完全舒展不开。评委当场亮分，计分——分数不高——意料之中，但也有些意外。

　　才艺比赛开始，赛场顿时变成电视台的演播大厅。华美的服饰，精彩的表演，新奇的创意，让人目不暇接。我听到有观众在说，这些选手做语文老师真是可惜了。轮到我上台了，没有音乐，没有背景，只是写几个毛笔字，吟诵一段古诗。我用最简洁的方式呈现我认为的小学语文教师应该有的基本素养。比赛间隙，一位选手的陪同老师见我独自坐在一旁，就过来闲聊，开口就说："你一个人啊？很淡定啊。"说实话，紧张还是有的，毕竟没有表演基础，毕竟没有事先操练。台上空空的，只有我一人，很不习惯。只有面对学生时，我才会进入兴奋状态。

课前可以与学生在休息室见面，回想起来，那时我大概就开始兴奋了——我教学生说上海话，让学生判断我的苏北话说得是否标准。上课时，学生不太会朗读，不太会说话，不太会提取信息，没关系。学生不会的，就是教学的起点。这正是我需要的。学生有点紧张，正常的，没关系。我努力用风趣的话语帮助学生忘记这是一场比赛。很快，学生仿佛真的忘记了，甚至连台下几千位观众也被他们忽略了。孩子们好像就在自己的教室里，不停地举手要求发言，说真心话，说想说的话。一位同学已经将一个问题阐述得很清晰，但其他同学还想补充。可惜此时下课的哨声吹响了。这节课我上得确实有点兴奋，教的过程有了，学的经历也有了。课后马上进行客观题问答，可我还沉浸在刚才的教学氛围中，甚至连主持人读的第一道题都没听清。兴奋的状态一直持续到主观题问答阶段。一位老师将我的发言过程拍摄下来，当晚就传到网上。一个朋友看后打趣说："你完全不像在参赛答题，而是在演讲，是在为台下老师做培训。"

没想到 40 岁之后，三年里竟连续参加了多项不同种类级别的教学比赛，现在职业生涯可谓是圆满了。在南京，杨再隋教授评价我的课堂教学时说："言语实践很充分，师生对话平等有效，教师只在关键处点拨、引导。整个教学过程颇具匠心，环环相扣，前一个环节总为后一个环节做铺垫。"我没有沾沾自喜，我知道自己只是比一些选手虚长了些年岁，多一点教学实践教学经验而已。我没有把杨教授的话仅当作是对一节课的点评，而是当成对我多年来实践的肯定。学一样特长才艺，不难。但与时俱进地完善自己的知识结构，不断增进对儿童的了解，尊重儿童，持续摸索适合当下小学生的教学策略方法，努力缩短因年龄增长而与儿童产生的距离，真是很难。让一个观点变成教育教学技能，再转化为思想意识，个中艰辛，甘苦自知。但只要你还在教师岗位上，就必须摸索、努力下去。过程中，倦怠、困顿在所难免，好在有杨教授这样的前辈的鼓励指点，更有孩子们的进步可以增强继续前行的信心和勇气。

  前不久在一所小学里给四年级的孩子上作文课。课上到最后，我正在邀请部分孩子上台交流习作。忽然一个瘦小的小男孩一下子跑到讲台前，说："老师，老师，我也要交流……"虽然他写得一般，但他的举动让我感动、欣慰。我想唯有教师不断努力，把学生放在心上，提高教学能力，才能使更多这样的孩子出现在课堂上。

2015 年 12 月 25 日

给三年级家长的两封信

第一封信

各位家长：

很高兴能执教十一班，与诸位的孩子一起学习语文，一起成长。三年级是学习语文的关键期，因此除了我在学校里努力之外，还需要诸位与孩子们在家里花些心力。需要留意的是以下几件事情：

第一，每天与孩子在家里交谈。谈老师、谈同学、谈生活中的小事、谈阅读体会等，要强调的是，交谈时务必保持平和、理性、平等交流的状态。同时，不管用普通话还是方言交流（我建议用方言），务必用规范的话语方式，尽量说得有条理，不要让孩子只回答一个个字或者一个个词。

第二，每天在家里让孩子大声流利朗读课文（或者孩子感兴趣的文字材料）10分钟至15分钟。有的孩子有每天朗读英语的习惯，学习中文同样也要朗读。这是每天必做的功课，务必坚持。一个学期之后，大家会有惊喜。

第三，如果您的孩子已经具备了阅读习惯，那么恭喜您。如果您的孩子还没有阅读的习惯，那么三年级是最后的机会了，过了这一年,再想培养良好的阅读习惯,会比较困难。开学之后,我会每月发布班级共读书目,家长可以上网或者去书店买。每月共读的书,我会在学校里进行指导。在家里应给孩子准备一点课外书(参考书目等我了解了学生情况后发布)。现阶段的阅读不要在乎孩子读到多少东西,主要是培养阅读习惯。所以每天晚上要有固定的阅读时间。尽量不要让孩子过多接触电子产品,尽量不要当着孩子的面长时间使用智能手机等新型电子产品。孩子阅读的书籍以符合孩子兴趣为主,不要局限于文学作品。在正常的情况下,他们想看什么就看什么。如果您愿意,可以定期翻阅孩子正在看的书,闲暇时与孩子交流交流,那样效果会更好。关于阅读,还会有一些具体的做法,届时期望得到诸位的支持。

第四,每学完一篇课文,会默写词语,这也是必做的功课,我会提前布置。请家长在家里帮孩子复习好。

第五,三年级第一学期,我们依然用铅笔书写作业,如果使用木头铅笔,那么要教会孩子定期削铅笔。每一份作业字迹必须端正,卷面必须整洁。书本不能卷角。这样的小事看上去不起眼,实际上作用很大。请不要忽视。抄写词语本如果连续得到十个"优"且无错误的孩子将得到奖励——我写的一本小书(签名本)。

第六,请为孩子准备一本笔记本(普通的练习本就好),届时您可以从孩子记笔记的情况,了解他在校的学习状态。

各位家长,学好语文很简单,多读多写就好。但学好语文又很难,因为它不仅需要孩子们有韧性,还需要老师、家长也有韧性。

总之，慢慢来，不要急，更不必有任何焦虑，都会好的。
未尽事宜，以后再叙。

朱煜

2016 年 8 月 27 日

第二封信

各位家长：

大家好！

今天在观摩教室里，给小朋友们上了一节班级读书会，因为抽签分组，重排座位，大家都很兴奋。我特意没有安排组长，但在自主学习的环节中，一些孩子表现出很强的组织管理能力，让我很惊喜。在课堂上，大部分孩子都积极要求发言。可惜时间有限。不过，好在以后还有的是机会。10 月我们共读的书是《爱丽丝漫游奇境》。已经读过的小朋友可以抽时间重读。经典是常读常新的。

经过一个月的磨合，我现在已经对孩子们的语文学习基础有了比较清晰的了解。下个阶段需要大家留意以下事项：

每天一定要坚持朗读。从课堂上的学习情况看，有一部分孩子显然没有按照要求每天朗读 10 分钟至 15 分钟。朗读，对于小学生而言极为重要。三年级是通过朗读培养语感的关键期，一旦错过，孩子的阅读和习作能力在小学阶段想要提高，会更难。另外，写字也是如此，三年级不练好，小学阶段基本就不会再有大的进步。要改变，也是要到中学里了。但就目前初中的学习负担看，想在那时练好字好像也有难度。还有，如果孩子在朗读时容易加字漏字，那么就要先指读。一定不能随意乱读。

　　要在生活中让孩子养成仔细倾听的习惯。不会听，会直接影响孩子的听课效率。要让孩子养成专注做事的习惯。当孩子一个人专注于某件事情时，千万不要凑上去影响他。有些孩子在抄写词语时经常出现错误，就是因为不能专注。有些孩子至今还会弄错作业格式，就是因为没有倾听的能力。心思散漫对孩子的将来会产生很不好的影响。养成专注的最好方式是做力所能及的家务。多动手的孩子会更聪明，因为手指的活动能促进大脑的发展。

　　三年级的语文学习中，作文是重点也是难点。为了逐步提升孩子们的习作能力，请大家为孩子准备一本像词语抄写本一样的练习本。我们将从句子训练开始，夯实基础。

　　一个月以来，孩子们诸多方面的优点显现出来了，比如，虽然我还没有明确要求记笔记，但已经有不少孩子那样做了。当然孩子们在学习上的问题也已暴露。这样很好，接下来，让我们一起帮助他们解决问题，进步成长。

朱煜

2016 年 10 月 11 日

给五年级家长的一封信

亲爱的家长朋友们：

很高兴能与八班的孩子们一起完成五年级的语文学习任务。最近，收到不少家长的信息，感受到大家对孩子学习情况的高度关注。这是家校合作帮助孩子成长的重要基础。开学三周，通过上课、作业以及平时的交谈，我对孩子们的学习基础、学习潜力、学习习惯等方面也有了一定了解。基于这些了解，现将五年级语文学习的建议分享给大家。

第一，基本字词持续巩固。基本字词的识记，句式的积累是小学语文学习的重点。在学校里，会根据一个单元中的词语量安排整单元默写或者分课默写。比如，第一单元词语不多，以单元为单位做了默写，情况很好。只有个别孩子需要订正。词汇句式的积累巩固，离不开抄写，汉字的识记必须通过书写才有效果。所以请家长们留意抄写作业。本学期五年级学生要参加写字等级考试，抄写作业既为了识记，也是为了把字写好，顺利通过考试。此外，如果觉得自己的孩子识记能力不强，也可以根据学习进度在家中帮孩子进行单课默写。在上课时，我会结合语境进行字词教学，以便让孩子们真正学到"活"的词汇，并能在口头书面表达中正确使用。

第二，阅读理解能力需要多角度训练。五年级对于孩子们的阅读理解能力有了更高的要求。我的每堂课都会开展这方面的训练。大家浏览我公众号里的每日教学记录，就可以看到。在学校里学是一方面，在家里也可以尝试。比如，每天与孩子交流，不管用普通话还是方言，力求语言规范，表达清晰。在交流中，要引导孩子把自己的意思表达清楚。不要让孩子总是说一个字一个词，而是要引导他们说一段话。有条件的话，还可以与孩子针对生活中的见闻、读书感受做一些思辨性的讨论。我在上课时经常引导学生对一些问题做多元思考，在家里也可以这样做。而且因为讨论的问题来源于生活实际，所以讨论起来会更有意思。阅读理解能力的提高需要依靠语感的提升。提升语感最简便的方式，就是每天大声朗读 10 分钟。读得大声，读得通顺，读出感情。至于具体内容，可以读课文，可以读孩子喜欢的读物。做阅读分析题有困难的孩子，大都没有大声朗读的习惯。语感只能靠自己练出来，无法靠老师、家长教。

第三，作文能力的提升需要比较长的时间。目前班中大部分学生的习作能力是符合五年级要求的。有个别孩子还需要努力。会读的孩子一般都会写。不会写一定是因为不会读。所以上面提到的每天朗读，对写作文也是有帮助的。我会在上课时教会学生读书读文章。还会做整本书阅读的活动，每个月共读一本书。读完之后，会让孩子做阅读单，并进行分享交流。作文能力的提高离不开写，每周我都会布置小练笔或者作文作业。大家在家里检查时，要多多鼓励，在鼓励的同时，指出孩子作业中的病句错字，让其自行修改。不要片面地要求写生动写具体，不要拔高要求。要通过鼓励让孩子体会到写作文是抒发自己真情实感的需要，而不只是作业。在作文学习方面,大家一定不能做"虎妈""鹰爸"。一定要"佛系"。不然适得其反。

第四,关于古诗文。中小学的古诗文学习越来越重视了,学好古诗文对语文学习的作用非常大。如果家长也喜欢,可以找一些好的选本与孩子们一起读读背背。如果家长对古诗文不感兴趣,也无妨,因为学校里会教的。

另外,每节语文课,我都会写板书,请为孩子准备一本笔记本,及时记录板书。五年级的语文学习并不难。只要孩子有良好的学习习惯、生活习惯,只要孩子喜欢阅读,只要孩子在上课时积极投入,虽然我只教孩子们一年,但我想,总还是会在原来的基础上有所提高的。其他没有想到的问题,日后再回答。

朱煜

2019 年 9 月 18 日

给孔子的一封信

孔子前辈：

您好！

恕我冒昧，用这样一个古怪的说法来称呼您。您会不会说，这是不合礼数的？说实话，在给您写这封信前，关于称呼的问题，我真是思量好久。春节期间，我带念五年级的儿子去了嘉定孔庙。那天早晨才下了一场小雨，寒风瑟瑟，孔庙里冷冷清清。走进大殿，您的塑像高坐其中。塑像上方悬了一块匾额，如果您泉下有知，一定会笑着说："不用说了，我知道，匾上写了四个大字——万世师表。"是的，您答对了，正是这四个字。儿子问我："爸爸，什么是'万世师表'啊？"没想到，我竟一时语塞，不知如何回答。想了一会儿，我说："孔子是世世代代的教师的榜样。"听我这样说，您会不会捋一捋长髯，轻轻摇摇头。我知道，您在世时，有人尊称您为圣人，您说："若圣与仁，则吾岂敢？抑为之不厌，诲人不倦，则可谓云尔已矣。"您总是很谦虚，很实在，从不承认自己是圣人。"圣人"的称号，您可以不接受。但"教师的榜样"，应该接受。别的不说，单是"诲人不倦"，就不是所有老师都能做到的。

您是后世教师的榜样，您是我的前辈，因为我是一名小学语文教师。现在的中小学里，教师大都只教一门学科。这和您那时不一样。用现在的话说，您是超级厉害的老师，一个人包班，教礼、乐、射、御、书、数六门学科，而且还是复式班。现在的学生学得多，学得难，而且一个班级五六十个学生，甚至更多。如果一个老师教数门学科，时间、精力完全不够用。过去也有一些同行做实验，一个人教两门学科。可现行的课程、教材乃至学校管理机制，并不适合用包班的形式教学。

最近几年，有同行干脆做起了全课程实验，就是在小学一、二年级取消各种学科，抛开学科教材，将各学科的知识整合在一起，用项目学习的方式教学。比如，春天到了，让学生画画春天写写春天，读一点关于春天的诗歌，到郊外去踏青赏春，等等。孩子们自然是很愉快的。可是，一、二年级这么做，好像挺好，到了五、六年级还这样做，行吗？这种与现行课程评价系统不吻合的课程改革培养出来的小学生能应付各种各样的考试吗？未知数太多，所以，目前做这种改革的学校还不多。不知道会不会有教师认定这样教到六年级，学生的综合素养会很强，完全可以应对现行考试方式而坚持改革呢？我现在还没有看到具体的案例与经验。不过，有一点我是知道的，在不少地方考试成绩是校长、教育局长的政绩之一，不能有差池。另外，就目前基础教育和高等师范教育的现状来看，有多少一线教师有能力开发出科学、系统的课程呢？有多少教师具备了开发课程需要的理论素养和实践经验呢？还有一点我是知道的，那就是学生不是试验品。

孔子前辈，您大概已经听得有点迷糊了吧。您那时只要有本事，就能开门授徒，传播思想。学生一旦学成，不需要通过统一考试，自己去社会上找机会求发展，在实践中运用、验证自己所学的知识。

每个时代的社会政治经济状况不同，因此，不同时代的人的生活方式，受教育方式也不同。

现在，您会不会对我刚才说的话，开始有点明白了。我知道，您首先想确认的应该是：现在没有家臣挟持贵族，贵族赶走国君这样的事了吧？当然没有了。

孔子前辈，听了我的讲述，我猜想，您的第二个问题是：你们现在是怎么教书的？做教师的都会情不自禁这样想。我读《论语》时，就经常想象您的教学场景。

说到教书，我最佩服您的是，根据学生的差异，实施个性化的教学。根据学习规律，启发学生思考，引导学生举一反三。虽然两千多年过去了，但在教书这件事情上，现在很多老师依然用您的法子教，或者努力向您的教育教学境界前进。前面说到课程改革之难，说实话，在大一统的环境下，我觉得课程改革这样的工作不是一线教师可以做的。一线教师最应该做好的是上好每一节课。如果真的能将每节课上好，即便课程设置不甚佳，学生依然会有收获。您当年开设六门课，教了三千多个学生，培养出七十二贤人，我想最重要的不是六门课，而是您每一次的教学，对吗？现在有些教师，动辄创造出一个体系，提出一个理论，可就是看不到使用了"体系""理论"之后的学生学习情况的大数据分析。实践"体系""理论"时，每天的课堂教学情况，每天的作业批改，抓差补缺情况更是鲜见记载、分析。现在，每当我读到一些华丽的新经验、术语堆砌的新论文，我就会去找里面是不是有让学困生转变的案例分析。真遗憾，迄今为止，一次也没有找到。可是，帮助学困生不是教师极其重要的工作吗？

孔子前辈，您知道叶圣陶先生吧。我在好多次讲座中曾说，叶圣陶先生的语文教育思想，一百年内不会有人超得过。现在诸多媒体上刊登的众多所谓的新观点，在叶先生那一代人的著作里早就出现过，而且，当年他们做得更扎实。

所以，您如果问我，现在的老师如何教书，我还真不知如何作答。虽然时代在前进，可是值得拿出来说的，好像真不多。就小学语文学科而言，上到您，下到叶先生，前辈们留下的好东西太多，我们在学习继承上做得还很不够，真不好意思说自己有什么创见。

不过，与您所处的时代有一处显著的不同倒是可以说一说，就是现在信息技术发达，学生获取信息的能力大大增强，学生学习的方式有了很大变化，这些变化正在倒逼教师改进课堂教学。

总的来说，现在教书很难。家长要求高，学情也复杂。教师除了教书外，还承担着诸多杂务。精力不济是教师常态。现在各种教学资源多，各种教学方法、策略也多，只是大家缺少时间和定力去学习，去细心琢磨课堂。这些问题您一定都没有遇到过。当下的问题还是要用当下的智慧、方法来解决。不过，您的《论语》在精神上依然激励着我们。

今天就先写到这里吧。离睡觉还有点时间，我再去找几本书翻翻。多读一点书，可以找到解决问题的方法，还可以静心养神。

祝您安好。

晚　朱煜敬禀

2016 年 4 月 8 日

与同行书

徐老师：

您好！

谢谢您的信任，素昧平生，只是听了我一次讲座，您便发来信息与我交流工作中的困惑。您带领班级里的孩子练字、背古诗，都是对孩子一生有益的事情。从您发来的家长留言以及孩子们的作业卷面看，您的辛勤付出已经有了收获，在这种情况下，即便有困难也切莫轻言放弃。

对待困难最好的策略是"战略上藐视它，战术上重视它"。从您的来信看，部分家长反对您的改革，主要是因为孩子的考试成绩不理想。其实几乎所有的教育教学改革都可能遇到这个问题，因为新式做法与旧式评价天然不匹配，产生矛盾是正常的。如何破解，且听我逐一分析。

首先，我不赞同在小学里使用"国学"的概念。这个概念的外延和内涵在专业领域中还没有被真正厘清。我们带着小学生读一些古诗文就是读古诗文，真不必去套一个大而无当的题目。那么读哪些古诗文呢？诗歌当然首选唐诗，如果不会选，直接用《唐诗三百首》。另外您还可以从金性尧先生编的《宋诗三百首》《明诗三百首》中选一些合适的篇目给学生读。古文部分，建议您选择先秦寓言和明清小品给学生读。您还可以从钟叔河先生编的《念楼学短》中选一些篇目。前人留下的好的古诗文读本不少，您拿来用就行。一些蒙学读物，我不建议您去多花时间。至于读经，更不要去碰。原因我在《读经与读经典》一文写了，您有兴趣的话可以在网上找来看。

怎样带着学生读古诗文呢？很简单——与学生一起读读背背。背之前要有适当的讲解，通过您的讲解，让学生对古诗文感兴趣，拉近学生与古人间的距离。在理解内容的同时让学生知道一些简单的诗法文法，以达到教学一篇自读一类的目的。您得妥善处理好时间分配问题，哪些时间用来教教材，哪些时间用来教课外的古诗文，如何循序渐进地教，要有一个通盘的计划。

带着学生读古诗文又不是一件简单的事。在积累古代优秀语言，了解传统文化的同时，还要培养学生具备现代观念。读古人而不泥古。所以您得经常学习，不断改进教法，提升学生的学习效率。还记得讲座中我反复强调的"要把学生教聪明"吗？如果教师不钻研教法，一味死教，只能把孩子教笨。您得经常钻研教材内容的教法，提升教材内容的教学效率，那样您就能得到更多的时间用于课外阅读的指导。有些语文老师弃教材不顾，认为只要做好课外阅读就行，这是错误的。课文都不会教，课外资料恐怕也教不好，这是我听了很多课后得到的体会。不管是课内还是课外的内容，您都应该关注基础知识能力的夯实，良好学习习惯的养成，多元思维方式的培养。另外，您最好再定期研究一下现行考试的评价方式，掌握命题者的大致思路，以便让学生较顺利地通过测试。这样就能最大限度地减少旧的评价方式对新的教学方式的干扰。您的困扰也就得以解决了。

教育教学离不开学校与家庭的配合,一名职业化的教师一定会将家长视为教育教学的资源和重要的辅助力量。所以,一项教学改革开始之初,最好与家长说明白,让家长都清楚您的改革实践为的是他们的孩子的成长,这样就能得到他们最大程度的支持。改革过程中,会有一些学生不适应,出各种状况,那就更要及时与家长沟通。现在的家长可以从很多途径获得信息,当见到自己的孩子跟不上班级的节奏,或者学业退步,内心便会涌动起复杂的情绪。情绪总要有纾解的通道,善意的沟通就是最好的通道,不及时沟通就有可能将这些家长推到自己的对立面。学生各不相同,家长更会不同,见识有高低,能力有强弱,"因材施教"至关重要。即使得不到家长的支持,也不要把家长当作"敌人"或者变成"敌人"。

徐老师,您想为学生的未来做点事情,让他们对传统文化有所了解,这是一份大功德。一件好事得想办法做好。您需要把课内和课外的学习内容整合起来,因为表面上它们好像是不同的,但如果反映到能力上,它们是一致的。我还是那句话,一旦学生的能力提升了,变聪明了,即便应试,效果也会更好。好的教学改革不会不关注学生的能力发展的。您需要将学校和家庭的力量整合起来,一方面争取学校的支持,另一方面争取家长的理解,一旦形成合力,即便有个别家长还不满意,也没有关系。我坚信,只要每个孩子在原有基础上不断进步,家长的问题就会自行解决。总之,一项改革在进行中时,不要将各种因素对立起来。

徐老师,写下这些话,还是容易的。真的做起来,一定会遇到不少问题。但我以为只要内心坚定点,想得周到点,做得细致点,所有问题都能得到妥善解决。因为您在做一件大好事。

  我常来厦门,如果有机会很愿意到您的教室里看看孩子们的进步。如果您愿意,我也可以为贵班孩子上古诗文课,您还可以把家长约来一起听。

  期待您的好消息。

  专颂

教安

朱煜

2016 年 7 月 11 日

让诗教伴随童年

中国是一个诗歌的国度,也是一个重视诗教的国度。《诗大序》中说:"厚人伦,美教化,移风俗,莫近于诗。"童年,是接受诗教最重要的时期。

小学生学习古诗,重在积累背诵,整体把握诗意,感受诗人的情感,初步了解传统文化常识。要达到这个目标,首先要激发孩子学习古诗的兴趣。所以我在教古诗时,常根据学情和古诗内容,使用视频、图片等资源,运用读写结合、口语交际等方式,让学生运用古诗描述自己的生活场景或者情绪。当学生发现古诗与自己的日常生活可以关联,在生活中用得上,当自己的某种感受可以用一句古诗来表达时,兴趣自然会产生。

积累背诵的前提是熟读成诵。读古诗可以用吟诵的方式。朱自清先生说:"古文和旧诗、词等都不是自然的语言,非看不能知道它们的意义,非吟不能体会它们的口气——不像白话诗文有时只听人家读或说就能了解欣赏。"吟诵是中国古人传统的诵读方式,也是重要的学习方法。古人写诗,大都因为有所见有所闻有所感,情动于中,兴致勃发,然后浅吟低唱,吟到满意了,再写下来。所以用吟诵的方式学习古诗,是符合古诗特点的。一地有一地的民间小调,于是便产生不一样的吟诵调。同一种调门不同的人来吟,或者同一个人在不同的心境下吟,都会产生细微的不同。由此给人带来丰富多样的审美体验。很多南方方言中保留了普通话里已经消失的入声字,用方言吟诵就能将古诗的音律美充分彰显出来。吟诵不是表演,它是很私人化的,应该充满了民间的乡野气息,不必字正腔圆、中规中矩地演唱,更不能弄成小组唱甚至大合唱,那样,吟诵就失去了本质特点。教学古诗时使用吟诵的形式,可以让课堂气氛活跃起来。学生学习吟诵时,不必强求学得像,只要通过音韵能更好地理解诗意就行。

如果教师不会吟诵,也不要紧,可以指导学生依照古诗格律,两字一停顿,平长仄短地朗读,也能读出古诗的韵味。按照格律诵读古诗是古诗教学中极为重要的一环。教师引导学生读诗时,指导要有层次。每次读,都应该有不同的要求,循序渐进,不能停留在同一个水平线上,那样学生就能更有效地学会正确诵读古诗。

小学生的日常生活与古人离得太远,要想理解古诗、体会诗意,就要想办法让孩子们感觉古诗古人离自己并不遥远。比如,学习"夜来风雨声,花落知多少""床前明月光,疑是地上霜"时,引导学生体会这样的景致在自己的生活中也可以找到。比如,学习《钱塘湖春行》时,让学生从诗中提炼出诗人白居易游览西湖的路线图;然后借助资料,自己设计游西湖的路线。比如,我给学生讲李清照的《如梦令》:"昨夜雨疏风骤,浓睡不消残酒。试问卷帘人,却道'海棠依旧'。知否,知否?应是绿肥红瘦!"我一边做手势一边串讲:女词人与朋友聚会,玩得尽兴,喝醉了。不过,她还记得夜里下了雨刮了风。第二天早上,仆人卷起窗帘。阳光射进屋内,女词人醒了,就问:院子里的海棠花怎么样了?谁知仆人想都不想,回答道:海棠花还是老样子,很好啊。女词人不禁笑道：你别骗我了。昨天晚上又是刮风又是下雨，海棠花那鲜红的花瓣一定被打掉不少。有些花大概只剩下绿叶了吧。孩子们都被这样的讲述吸引住了。一来，好像是在听故事；二来，风雨之后花瓣零落的情景，卷起窗帘，阳光射入室内的情景都是他们平时能见到的，或亲身经历过的。这些方法不仅拉近了孩子与古人的距离，也把一些简单的读诗方法传授给学生。

其次，古人的日常生活虽然与我们不同，但他们的喜怒哀乐等诸多情绪却与今人一样。我在教学中，常为学生提供必要的资源，让学生借助注释自学重点字词，了解诗歌创作背景，了解诗人的生平，然后自主整体感知诗歌内容。这样，学生理解诗人的情感就容易了。当教师致力于在孩子们与古诗间搭起了一座桥，让孩子们走近古人，古诗教学才能成功。

教小学生读古诗，是在播种，是在为他们的精神家园打地基。学习古诗，可以习得优美的语言，养成良好的语感，受到传统文化的熏陶，但因为学生有差异，成效也一定会有不同。但只要有这样的"童子功"在，等孩子长大，不管身在何处，从事什么工作，他（她）都是一个文化意义上的有根的中国人。

2017 年 2 月 20 日

教会学生

翻开各种教育教学理论书，能找到各种对"教学"两字的解释。如果我也来凑个热闹，我会用"教会学生"来解释它。

刚踏上工作岗位时，我觉得教会学生是件很简单的事情。上课前，我把课文每个小节中需要讲解的词语句子都圈画出来，把自己的分析全写在纸上。上课时，我与学生读读议议问问答答，逐一讲完计划中的问题。那时，我认为这样教，学生就学会了。可等做了20多年老师后，我逐渐明白，未必。有些知识是教了就会的；有些知识教了还得操练才能会；有些知识不管怎么教，学生都学不会，因为超出学生的认知能力。能学会的知识中，有些学生是教一遍就会的，有些学生要教好几遍才行。以上这些还只是最常见的几种情况，教学中的复杂现象细想起来，真是不胜枚举。

这学期，我教三年级。前几天教《放风筝》一课，课文写作者先是看到一个小男孩放风筝，为天空增添了生气，很高兴。之后见小男孩因放风筝踩坏了花苗却跑开了而不悦。最后见到小男孩从家里带来花苗补种上去，又高兴起来。教学目标是引导学生初步了解课文大意，理解含义较深的句子。针对理解句子，我设计了以下教学环节：

1. 出示:"风筝又飞起来了,在天空中飘飘扬扬,天空变得越发美了。"理解"越发"。看到"又"字,你想到什么?(一个学生回答,说明之前风筝飞起来过。所以这里用了"又"字。)请找出相关的句子。

2. 小结:这些描写风筝的句子,有的出现在课文开头,有的出现在课文结尾,它们形成了前后呼应的关系。

3. 课文中描写白云时,也用到了前后呼应的方法。教师示范画出文中描写白云的句子,进一步认识前后呼应。

板书:云儿也似乎高兴地笑了……

"也"字说明什么?(学生回答:还有一个人也在笑。追问:是谁?学生回答:是作者。)

句中的"似乎"可以省略吗?(学生回答:不能。追问:为什么?学生回答:因为去掉了"似乎",就变成云真的会笑了。)

如果云不会笑,那么只有谁在笑呢?(学生回答:是作者在笑。追问:作者为什么笑?学生回答:作者看到小男孩放风筝给天空增添了生机,就笑了。)

4. 巩固练习,出示句子:云儿也好像不高兴……(用学过的方法分析句子的含义,作者说云儿不高兴,是为了告诉我们什么?联系课文内容,说说自己的想法。)

学生回答,因为小男孩放风筝时踩坏了花苗,作者有点不开心了,所以说云儿也好像不高兴了。

那天有两节语文课,第二节课上,我请小朋友们回答课后习题:用自己的话说说"风筝又飞起来了,在天空中飘飘扬扬,天空变得越发美了"的含义。命题者的意图是要学生说出,作者看到小男孩补种了被自己踩坏的花苗,很高兴,所以风筝、天空在他眼中变得更美了。

  我知道这是难点,但因为前一节课上教得很细,支架搭好,铺垫做足,所以很期待学生能运用学过的方法说出句子背后的含义。没有想到,结果很不理想,没几个孩子能将风筝与小男孩补种花苗联系起来。我把教案分享给同事,同事在自己班里也这样上,课后告诉我,效果还不错。教学现象之复杂,教会学生之难可见一斑。但我并不泄气,因为我明白教会学生是个系统工程。需要解读课标,了解学情,确定恰当的教学目标;需要精心设计教学环节,在课堂上完成教的过程,同时引导学生参与学习活动,获得学的经历;需要在课后反思拾遗补阙的内容。另外,对于部分学生,还需要耐心等待。

2017 年 2 月 25 日

一起开心

寒假前,我给学生留了两项假期作业:写一篇读书笔记,写一篇记录寒假生活的作文。开学第一天,打开孩子们的作业,一个个寒假生活场景展现在我的眼前。有的孩子记录旅行见闻,有的孩子记述寒假中的趣事,有的孩子述说假期补习的辛苦……忽然一个孩子的作业吸引了我。这个孩子寒假中读了我的《赵清遥的作文故事》。在读书笔记的最后,她写道:"《赵清遥的作文故事》里面写的一些写作知识,让我懂得了作文应该怎么写。书的最后几句话写得很感人。"

我猜孩子说的是那本书后记中的几句话:"致青春"这个词最近挺热门。向自己的青春致敬,在我看来,是一句口气很大的话,我不敢说。我只能讲一讲自己青春时代的故事,以及想通过故事让孩子们不再讨厌作文,并借此想念那些曾驻足于我的青春年华的人。

写下这几句话时,我确实动了情。没有想到,一个三年级的小女孩会留意到它们,并写下感受。往前翻,是她的作文。她这样写:

一个人在家

一天,爸爸妈妈外公外婆都有事,我只能一个人在家里做作业、看电视。我觉得一个人在家有点可怕也有点开心。可怕是因为一个人在家，开心是因为没有人管我。

爸爸妈妈外公外婆走后，我便写起作业来。忽然，"咚咚"的声音把我吓了一大跳。后来，我才知道，是楼上发出来的声音。

过了一会儿，"叮铃铃，叮铃铃"，电话响了，我拿起电话问："喂？""喂，小宝，爸爸等一会儿就回来。""好的，我知道了。"果然，爸爸不一会儿就回来了，爸爸问："你一个人在家害怕吗？""不害怕。"我自信地说。于是，爸爸去了菜市场，买回一些蔬菜。爸爸对我说："等妈妈回来，我们就一起在家吃火锅。""耶！"我开心地大叫了起来。今天我很开心！

读完作文，我提笔写下一句评语：你读了我的书感动，我读了你的作文也很感动。

300字的一篇小作文，没有曲折的情节，没有华丽的辞藻，感动何来——我被小作者那份单纯的快乐打动。小朋友独自在家，虽然有点开心，但害怕是难免的。所以听说爸爸快回家了，嘴上不说，心里是高兴的。爸爸买回蔬菜，说要一起吃火锅，小作者又开心了。细细想来，寒冬里，一家人围坐炉边，热气氤氲，感受着温暖的亲情，不正是让人开心的事吗？如此看来，还真的是"今天我很开心"！一个小学生，写下生活中的点滴感受，拨动了我一个成年人的心弦，我们身边有多少这样简单直接的美好被忽略，有多少单纯的喜悦被消磨。

我把这些感受说给朋友听，他笑道："大概只有小学教师才会这样读作文。我看到'蔬菜'，首先想到的是小朋友没有把文章写清楚，吃火锅怎么会只有蔬菜呢？"言者无意听者有心，一琢磨，朋友的一句玩笑话里竟隐藏了一条小学教师职业要求——全身心地关注学生，感受学生成长的过程，掌握学生学习过程中的各种信息，为学生成长提供帮助。

　　小学教师是一种特殊职业，因为其服务对象是活生生的人。人会随着时代、社会的变迁而变化，于是教师的教育教学理念、方法也要随之变化。如何变？首要就是不断学习，更新观念，丰富知识结构。但有时学习会滞后。因为对于教育教学过程中的问题，教师无法完全预测到，所以常常是遇到了问题，再想办法学习、解决。除了学习，还有别的法子吗？有！教师应该将关注学生的工作要求，慢慢转变为职业行为，再逐步转变成潜意识。这个过程的时间不会短，要靠不间断的工作实践的累积。这几乎就是一种修炼。修炼的要点是不断发现人性的光芒，体察人性的美好，感受孩子的可爱，将心比心地对待学生。之所以称之为"修炼"，是因为这种潜意识的形成不会一帆风顺。一个个学生来自不同的家庭，有着不一样的习惯、个性，因此在教育教学工作中，教师难免遭受挫折，体会无奈沮丧，但教师的心中总应抱定一个信念——我的教育可能无法对所有学生都起作用，但只要努力，就一定会有学生受益。抱定了这个信念，与孩子们交往，观察孩子们的言行，阅读孩子们的习作……就会时常感受到纯真、美好，继而获得职业幸福感，与学生共同成长。

　　小学教师应该是能在成人世界与儿童世界之间自由行走的人。我一直在努力成为这样的人，唯有如此才能把语文课教好，才能读到更多单纯的快乐，和小朋友一起开心。

2017 年 2 月 23 日

一汪学习语言的活水

小学生上语文课，学会运用语言文字，在学习语言的过程中接受美好情感的熏陶，学习做人。要完成这些任务，真不轻松。第一步得有好的文本作为学习知识和锻炼能力的载体。语文教材当然是最重要的载体，但只有教材还不够。"五四"之后，白话文勃兴，现当代文坛上留下许多经典作品，正是小学生学习汉语言的好材料。于是刘发建老师牵头，全国各地十几位同道编写了一套《名家文学读本》，收录了十位现当代文坛名家的作品选，其中鲁迅、老舍、叶圣陶、丰子恺、朱自清、萧红等人的作品都已编入小学语文教材。

在语文课上，我们和孩子们一起读《火烧云》：

天上的云从西边一直烧到东边，红彤彤的，好像是天空着了火。

这地方的火烧云变化极多，一会儿红彤彤的，一会儿金灿灿的，一会儿半紫半黄，一会儿半灰半百合色。葡萄灰、梨黄、茄子紫，这些颜色天空都有。还有些说也说不出来、见也没见过的颜色。

变化多端的云朵，绚丽的色彩，奇特的文字组合，构成一道奇景。一个"烧"字更是让许许多多没见过火烧云的孩子脑海中浮出无限遐想。

在语文课上，我们和孩子们一起读《少年闰土》：

深蓝的天空中挂着一轮金黄的圆月，下面是海边的沙地，都种着一望无际的碧绿的西瓜。其间有一个十一二岁的少年，项带银圈，手捏一柄钢叉，向一匹猹用力地刺去。那猹却将身一扭，反从他的胯下逃走了。

这是一幅画。鲁迅先生终生热爱美术，所以才能用文字描绘出有动有静色彩斑斓的图景。

这么好的文字，只教一篇太不过瘾，于是刘发建老师做起了名家作品阅读周的改革。每个月拿出一周时间，放下语文课文，改用名家读本。鲁迅、丰子恺、萧红……一路读来。刘老师按照读本的内容精心设计每天的学习任务，让孩子们真正沉浸到作家的作品中。古人做学问，常常会将研究对象的所有作品全部读透。小学生不需要那样读，但在几天时间里集中阅读一个人的各类作品，其收益绝对优于零散泛读。

要读懂文学作品，从别致的语言表达形式入手是一个重要的方法。比如，蒋军晶老师教老舍先生的《马裤先生》，抓住几十声"茶房"，让学生感受夸张的语言风格。学生一开始说不出什么，但在蒋老师的引导下，慢慢理解了人物形象。课上到最后，个别学生读着文中的句子，竟笑不可支，无法交流。让小学生对名家名篇获得这样愉快的体验，是教师最应该做的。

古人说，读书百遍，其义自见。阅读有些名家作品也可以用最简单的方法——大声诵读。比如朱自清先生的作品：

南京茶馆里干丝很为人所称道。但这些人必没有到过镇江，扬州，那儿的干丝比南京细得多，又从来不那么甜。我倒是觉得芝麻烧饼好，一种长圆的，刚出炉，既香，且酥，又白，大概各茶馆都有。咸板鸭才是南京的名产，要热吃，也是香得好；肉要肥要厚，才有咬嚼。但南京人都说盐水鸭更好，大约取其嫩，其鲜；那是冷吃的，我可不知怎样，老觉得不大得劲儿。

全是亲切的口语，全是明快的短句。遇到这样的段落，教师不必多分析讲解。大声地读吧！等读熟了，等读到眼前好像真的有鸭子出现，再来分享一下自己品尝小吃的经历，那就几近完美了。

读透了，自然会联想到自己的日常生活，此时就是动笔习作的好时机。刘发建老师在介绍名家作品阅读周的操作方法时说，我们强调精读，精写。学生的阅读量虽然不是特别大，但学生的阅读品质很高。学生的写作量不是很大，但学生的写作品质很高。每一次名家经典阅读周后，学生的写作能力就上一个台阶。有了好的阅读积累，习作质量自然提升，习作就不再是老师布置的作业，而是孩子们表达自我的途径。

教师将自己视为儿童的学习伙伴，为孩子们提供一池语言学习的活水，讲究合适的引导方法，让孩子们有充足的时间、空间读读写写议议，孩子们就能学好语文。

2017 年 6 月 1 日

关于一则新闻的问答

1. 对于每天让孩子写四篇作文的案例怎么看?

看了学霸父亲要求十岁的女儿每天写四篇高质量的作文这则新闻,我内心充满了悲凉。一是可怜那个孩子。家里的事情上了网络,广泛传播。或许以后四篇作文会减少到一篇,可是会不会再加别的什么作业呢?外人不得而知。一个因为孩子完不成过量作业就会打骂孩子和妻子的男人,他的既有观念恐怕不会因为新闻曝光就发生改变吧。二是可怜那个父亲。新闻里说他曾是浙大的学霸,可受过高等教育的他却连基本的常识都不懂。深夜不让自己的孩子睡觉,反映出这个父亲内心的焦躁已经让其失去理性。人接受教育,除了学习知识能力,更重要的不就是为了获得理性精神吗?

2. 作文是多练就能学会的吗?

写作文是一种技能,一种规范使用文字,清楚地表达见闻与感受的技能。任何技能的学习,都离不开练习。练习有很多种,我们要根据孩子的情况,选择最合适的练习方式。不考虑具体情况,一味增加练习的量,是错误的。

小学生学写作文，不同年段，方法不同。低年级，要重视句子的练习，引导学生用通顺的句子清楚地表达自己的意思。中年级，要重视段落的练习，引导学生使用简单的构段方法，描述自己的生活。高年级，要重视谋局布篇能力的练习。

3. 家长应该用什么方法帮助孩子写好作文？

首先，家长应该为孩子营造良好的阅读环境，让孩子从小养成阅读的习惯。读得多了，有了足够的语言积累，写作文就不会太难。其次，家长要为孩子多提供一些生活体验。比如，参加各种形式的户外活动。在家里，可以让孩子做些力所能及的家务。让孩子有丰富的业余生活，非常重要。再次，让孩子养成写日记的习惯。不需要长篇大论，有话则长，无话则短，写得通顺真实就好。最后，面对孩子的作文、日记，要抱着欣赏的眼光，在鼓励的基础上指导修改完善。指导修改，不要拔高要求。

以上这些，都需要家长持之以恒地去做，方能见效。

2018 年 8 月 16 日

我的听课评课观

小丁：

你好！

收到你的来信，很愉快，屈指算来，分别已有一年。你在信中说自己现在听课越多，越不会听课，看不出好与不好。还说，听人评课总觉得是套路，三点优点，一点不足，四平八稳。看了你的这些想法，我忍不住笑出声来。仔细想想，还真是这样。不过，作为年轻教师能注意到这些问题，我很为你高兴。你说想听听我的意见，卑之无甚高论，只说一些自己的体会吧。

听课评课是我们日常的工作，也是教师提升专业水平的重要途径。前面提到套路，听课确实是有"套路"。第一，当然是看学生。课堂上，学生真正参与学习活动的量大概有多少？发言的面是否足够广？哪些环节学得顺利？哪些环节学得困难？下课时，大概有多少学生达成了教学目标？第二，看教师。教师在课堂上组织了哪些学习活动来达成教学目标？教学过程中，哪些内容是预设的，哪些内容是生成的，哪些环节需要调整完善？教学节奏、容量是否适合学生？第三，看教材。教材是否被解读到位？课时目标是否能体现教材的特点，并为实现单元目标有所助益？在教学活动中，教材的作用是否被充分发挥出来？

听课前，最好根据教案将上述观察点确定好，设计出专题听课的图表，便于在听课中与同伴合作，一起采集课堂上的各种信息。这样才能为有效评课做好准备。

评课时说说优点，提提建议当然是可以的，关键是提什么说什么。第一个层面的评课是凭着经验就课论课，需要从课前准备、教师教态、学生常规到教学效果等，面面俱到。不过，从听课者角度而言，听课中要获得这么多信息是不现实的。面面俱到，就意味着浮光掠影，浅尝辄止。第二个层面的评课是专题性的评课。不管是评论某个教学环节，还是做整堂课的概览，都紧紧围绕研究主题来探讨。第三个层面的评课是再构式评课。先基于采集到的课堂信息，做系统梳理和分析，由此找出不足。再围绕研究主题、教学目标，对不理想的教学环节设计做再构。这里的再构不是指简单地提建议：下次这个环节还要开放一点，让学生主动学习；下次那个环节要基于学情来设计……所谓再构，是要设计出新的教学步骤，假如指导学生归纳文意做得不理想，那么先要找出不理想的原因，然后结合课文内容设计，比如第一步要读课文，第二步要圈画关键词句，第三步要给出相应句式，第四步组织学生多形式地操练。听取同行这样的再构对职初教师非常重要，对进行再构的成熟教师而言则是重要的锻炼业务能力的途径。

小丁，前面说的是听课与评课的方法，其实也是备课上课的出发点。你说，自己也知道要以学生为本，但是，对于该怎么做却很茫然。年轻老师有茫然之感很正常，走上讲台，天然地会关注自己的教案多一点，心里总是想着要把准备好的内容讲完。要想改变这种情况，首先要将教学目标定得少些。其次，教的时候慢一点，等等学生，特别是等等那些学习能力弱的孩子。前几天我看见一位有经验的老师在放学时教一年级学生列队。小朋友们在校门口看到来接自己的家长都很兴奋，队伍弄得歪歪扭扭。老师一边喊口令一边沿着队伍逐个纠正，要求学生排整齐。老师每喊一次口令，学生就跟念一次，等队伍排齐，口令已经喊了好多次。天天这样要求，一个月两个月后，学生一听到口令就能马上按要求排队。因为这位老师采用了合适的训练方法，耐心地一点一点教。小丁，我想你能猜到，如果一开始不这样训练，让小朋友们见到家长就呼啦一下作鸟兽散，一两个月后班级会变成什么样子。

　　从这个小小的案例中，你可以得到启发：教得慢一点，就能关注每一个孩子的学习过程。当学生在你的指导下一点点养成良好的学习习惯，扎实地学到知识与能力时，教师自然也就养成了关注学生的习惯。所以关注学生在课堂上学习的情况，适时调整自己的教学步骤的能力，要靠平时一节课一节课地练出来。很多教学技能都是这样练出来的。而且，要经常练习。另外，在我看来，套路就是模式。不会做时，有个套路用一下。等你成了熟练工，就可以创造自己的模式，化用别人的套路。只要是符合规律的，就是好套路。

　　小丁，在工作中遇到一点困难很正常。下定决心吃上三年"萝卜干饭"，多多锤炼自己，你就会发现眼前豁然开朗。回想我自己，板凳坐得十年冷，方才取得一点真经。这个过程是辛苦的，也是愉快的。

　　今天就写到这里吧。祝你一切都好。

朱煜

2018 年 10 月 1 日

一场好香的桂花雨

这节课要上《桂花雨》,学生还是两天前的那 15 个。课前,我说:"同学们,我们又见面了。前天上《将相和》大家觉得有点难,今天我们上一节简单些的。"学生笑了。听众席上听过那节《将相和》的老师也笑了。

那节《将相和》上得是有些辛苦。天气热,同学少,陌生的环境,陌生的老师,陌生的课文,都是横在学生面前的困难。而那节课又对学生的阅读表达能力有比较高的要求。

"能用三个词语归纳《将相和》中的三个小故事吗?"

没人举手。

"那先用四个字归纳第一个小故事吧。"

只有一个孩子举起了手。

……

"读了这段描写廉颇的话,廉颇给你留下什么印象?"

"爱生气的廉颇""激动的廉颇"……

这些情况确实是我没想到的。

但这倒也简单了——学生不会说,教他们一句一句地说。学生不会读,示范给他们听,一点一点模仿。我想,多花一点时间,总是可以的。结果也的确如此。那节课拖堂 20 分钟,但学生慢慢会读会说了。

这次是三节课依次上，我不能拖那么长时间，要给学生多一点台阶。不过到了比较句子的环节还是卡住了——

桂花盛开的时候，不说香飘十里，至少前后十几家邻居，没有不浸在桂花香里的。

桂花盛开的时候，不说香飘十里，至少前后十几家邻居，全浸在桂花香里。

"两句话的意思是一样的，为什么作者要选上面这句呢？"
没人回答。
"'没有'是个否定词。'不'也是否定词……"
学生们一下子反应过来："这是双重否定句……"
"原来你们学过这个句式啊。那么双重否定句有什么作用呢？"
"加强语气。"
我追问："加强什么语气呢？"
一个孩子站起来说："加强了重的语气。"
不着急，慢慢来。该慢的时候还是要慢下来，仔细教："应该说：用了双重否定句强调了桂花香气很浓郁，让邻居们都沉浸在花香里。"

教会了一个男孩子，再换一个女孩子，让她学着说。没想到，女孩子用自己的方式重新组织了语句。

接下来的环节是师生合作读课文，我不告诉学生，哪些句子是要他们读。他们必须仔细听好我朗读过程中的暗示。孩子们与我合作得非常好。因为他们通过之前的学习，渐渐熟悉了我的言语方式，师生在靠近。因为靠近，学生们能自己找出印象深的句子，提炼出蕴含在句子中的作者的情感。这与两天前上《将相和》的状态有了太多的不同。因为靠近，学生们不再羞怯，走上讲台与我一起表演课文情境。哪怕我临时增加台词，她们也能应对自如。听课老师用掌声、笑声激励着学生们。

最后一个环节是辨析课题，对孩子们而言，挺难的。下课的时间已经到了。我想把它留作学生的家庭作业。可是当我讲完要求，两个女孩子立刻举起了手。惊喜之余，我发现听众席上有一个男孩也举起了手。他应该是某个听课老师的孩子，旁听到最后情不自禁地要求发言。我先把发言的机会给了他，也希望那两个女孩子多一些时间准备语句。三个孩子依次讲完，虽然表达得不太流畅，可有什么关系呢？我已经很满足了。我一直觉得"听到生命拔节的声音"是一句被说烂的套话，自己也从来不说。可是，当看到那两个女孩子举起小手时，我仿佛真的听到了生命拔节的声音。

一周之后，一位学员说，最喜欢师生表演课文情境的环节。因为她看到我是怎样将学生从不会教到会，让孩子们在哈哈大笑之中理解了"桂花雨"的含义的。那个环节我随机请了四个学生上台表演摇桂花。台上在笑，台下也笑。我把话筒放到一个女生嘴边，她大声说："啊！真像下雨，好香的雨啊！"我把话筒递给另一个女生，她一时没反应过来。我又把话筒放在先前的女生嘴边，她再一次说道："啊！真像下雨，好香的雨啊！"话筒又回到没有反应过来的女生手中，她立刻大声说着："真像下雨，好香的雨啊！"

2019 年 8 月 1 日

从蔷薇的花期说起

蔷薇是一种常见花卉,古诗词中常常提及。北宋黄庭坚的《清平乐》中写道:

春归何处?寂寞无行路。若有人知春去处,唤取归来同住。
春无踪迹谁知?除非问取黄鹂。百啭无人能解,因风飞过蔷薇。

这首词收在五四制语文五年级下册教材中。为学生讲这首词前,我特意查了些资料,了解到,早的话,蔷薇在4月即可开花。于是在教学中,我加入了一段情境表演:

词人:(着急地)春天啊,你在哪里呀?我要找你!(问路人甲)你知道春天到哪里去了吗?(问路人乙)你知道吗?
路人甲:(摇摇头)我不知道。
(路人丙见了,给他出主意。)
路人丙:你那么着急找春天,去问问黄鹂鸟呀。它们在春风里到处飞,肯定知道春天去哪里了。
(眼前正好飞来一只黄鹂鸟。)

词人：（招手）来来来，黄鹂鸟，你知道春天在哪儿吗？

（黄鹂鸟发出一声声清脆的鸣叫，借着风，飞过了一片蔷薇花。）

词人：（叹气）唉，黄鹂啼啭，可我听不懂你说什么呀！

黄鹂鸟：（着急）你怎么听不懂我的话呀！你怎么看不懂我的暗示啊！春天没有走，就在晚春开放的蔷薇花里呢。

读者诸君看到这里想来会明白，我为什么要先去了解蔷薇花的花期了吧。

这首词写的是词人惜春恋春的情怀。对于最后一句的解释，最常见的是：黄鹂飞过，蔷薇花开，说明夏天已到，词人终于意识到春天回不来了。这样讲解，学生当然可以明白词的主题。可是，词人既然把春天当作人来写，到处寻找春天，希望春天留下与自己同住。而且通过查证，蔷薇也确有在晚春开放的，并非只在夏天开，那我为什么不把这首词讲成一个童话故事呢？还有一种说法，说这里的春天未必实指春天，可能是指一切美好的事物。诗无达诂，想想都有道理。一首好诗，一阕好词，自然是可以让不同时代的读者读出丰富而独特的感受。不过，在课堂上教小学生读古诗词，还是要多思考如何用适合小学生的方式进行教学，选择哪些合适的内容来讲解。比如伤春悲秋是古诗词中常见的情绪，如果给成年人讲，他们听懂作品大意后，自然会联系生活对"春天回不来了"产生独特的感发。但是如果直接把"春天回不来了"抛给小学生，他们所得的恐怕就只是记住一个标准答案而已。

当然，不是说不需要"标准答案"。课本上相关的字词注释、背景介绍、含义阐发，都需要理解熟记。这些都是小学生古诗词学习中"实"的部分。但只有"实"，没有"虚"，终究是不行的。比如我在讲《稚子弄冰》时，这样说：冬天的清晨，一个小孩子从脸盆里敲下一大块冰，穿上丝线，做成银钲。他和小伙伴们一路敲着冰到小树林里玩耍。冰发出清脆的声响。突然，"哗啦"一声，冰碎了。小伙伴们嘻嘻哈哈地笑起来。一个小朋友课后问我：诗中好像没有写到很多小孩子，只有一个孩子呀？好像也没有写到树林里去玩啊？小朋友的思维固定在了"实"上面。可是，没有敲冰的"叮叮叮"，没有冰块碎裂的"哗啦哗啦"，没有小伙伴们的"嘻嘻哈哈"，没有这些"虚"的联想，稚子弄冰的乐趣怎么可能真正感受到呢？学古诗词的乐趣怎么能感受到呢？

"虚"指的是指导小学生读古诗词时，要引导他们展开丰富的联想想象，拓宽思维的边界，真切地体会作者的情感。我把这首《清平乐》当作一个寻找春天的童话故事来讲，让简洁的词句变成生动的人物对话。学生一边听，一边就会在脑海中浮现想象出来的相关场景。而且这些场景因人而异，各不相同。此时组织学生交流分享，课堂中就会妙趣横生。想象能力是需要不断被激发的，不激发，就会退化，等学生长大就会失去想象力。学习古诗词是激发想象力的最佳途径。同样是讲惜春，我反其道而行之，将黄鹂飞过蔷薇视为一种暗示，让学生感受春天已经留在蔷薇花中，只是词人不知道。这就比单讲春天一去不回更有意蕴。同时，也暗暗地让学生感悟到反向思维的趣味。当学生的思维活跃起来，想象力丰富起来，文字背后的画面出来了，生活场景出来了，人物细节出来了，那么学生也就自然而然地走近作者的心绪情感了。此时获得的感受是有温度的"感同身受",而不是冰冷的"标准答案"。当"感同身受"越积越多,学生会变得温柔敦厚。这就是诗教的意义所在。

2020 年 3 月 22 日

重提启蒙

《讲台上下的启蒙》是我在 2011 年出版的一本教育随笔集，也是我在大夏书系出版的第一本专业书。那时出版教育随笔很难，仰仗朱永通君精心谋划，这本小书才得以面世，并在当年被《中国教育报》评为"教师最喜欢的 100 本书"之一。这本书共 21 万字，书中文章记录了我从教 20 年来的实践思考所得。2015 年，我的第二本教育随笔集《教书记》出版。《教书记》的最大特色是体现了我对文章之美的追求。书做成精装本，装帧雅致，我很喜欢，常常王婆卖瓜，向人推荐。至于《讲台上下的启蒙》，这些年几乎已经被我遗忘。可是没有想到，一些读者却还记得它，时不时地发来阅读体会。丁素芬老师更是有心，她将我近年的教学课例与该书中的教育教学观点对比，得出结论："朱老师的课堂教学理念其实在《讲台上下的启蒙》中都阐述清楚了。那么多年的理论摸索和实践研究竟然是一以贯之的。"丁老师在这本小书上花费许多时间和精力，真让我感佩、惭愧。《讲台上下的启蒙》中有不少"少作"，很稚嫩，真不好意思再拿出来讨论。

有一次，丁老师对"启蒙"两字产生独到的理解，与我分享后，还写成了文字：

在《讲台上下的启蒙》中，朱老师对"启蒙"的认识既普适，又独特，有一种叠加的厚度。普适层面的"启蒙"，很容易理解，一是运用语言文字能力的启蒙，二是思想、情感、价值观的启蒙。两字分开，一启一蒙，我的思维就"沦陷"了。朱老师说："启，即平等对话，在和谐温馨的气氛中传授知识，激发兴趣，培养能力，高处着眼，低处入手，传递普世价值观；蒙，即注重基础，从学生的实际出发，整合新旧，讲究互动生成，力求教学形式灵活，教学效果有效，教学氛围愉悦。"我觉得在这段阐述中，"启蒙"不是通常意义上的"启蒙"，怎么理解呢？我对这两个字做了拆分、追源。原来"启"就是启思，是思想层面的；"蒙"有"蒙学"之意，是实践层面的。连起来就是，先开启思想之门，再用具体的方法去做。启，是人文精神，它不关（乎）教育；蒙是方法策略，它只关乎教学。如此探究，从抽象的思想到具体的手段，"启蒙"一词便更宽广、厚重了。不过，我又生一个想法，朱老师的"启蒙"若改为"启·蒙"，是不是更对应以上所思？阅读的快乐就在于，与作者的思想来一番通彻的对话。

无独有偶，前几天，无意中发现河南皇甫老师也在细读《讲台上下的启蒙》，还做了很多摘抄并写下感想。昨天，皇甫老师特地来信与我交流：

这几天一直在阅读您的《讲台上下的启蒙》，深受启发！在读到《从〈小稻秧脱险记〉说起》时我有了一些感受。

这篇童话中的主人公命运都是让人感到不舒服的。稻秧是可怜的，杂草是可悲的。稻秧的可怜在于一开始被杂草欺负，后来又因为有读者为杂草抱不平而受冷落。杂草的可悲在于刚开始蛮横欺负稻秧，到后来被斩尽杀绝。

其实，课文第一句话就交代了冲突的起因。"一天，水稻田里发生了激烈的争吵。"在水稻田里，当然没有杂草的容身之地。于是我想，杂草和稻秧都有生存的权利，只是要看是否生存在合适的地方。农民伯伯是绝不可能让自己的农田里长满杂草的。如果抓住"水稻田"这个切入点，就可以从另外一个角度来讲解课文了！

之所以写《从〈小稻秧脱险记〉说起》，是因为当时听了一节语文课。课文题目是《小稻秧脱险记》。课上到最后，老师一直告诉学生，要除去杂草，斩草除根。可是小朋友却几次说，要给杂草一点机会，不要杀死杂草。那个场景深深刺激到了我。在我看，《小稻秧脱险记》实在不是好童话。因为故事中体现了你死我活的斗争哲学。但孩子们却用自己的阅读方式消解了它。因为孩子们天性纯良。遗憾的是，老师忽视了儿童的天性，眼中只有教参上的"标准解读"。我在该文中写道：为什么不请孩子们想象一个更好的故事结尾呢？既是语言训练，又是人文熏陶。孩子们一定会有更好更多的答案。皇甫老师想从另一个角度讲解此课，我还看到有的同行将其当作科普童话来教。只要教学目标符合学生语文学习的规律，都可以尝试。虽然新教材中已删去此课，但皇甫老师上述思考在其他课文的教学中依然是有价值的。

启蒙语文的核心观点就是上面提到的语言训练和人文熏陶。小学生上语文课，首先就是学习正确运用语言文字表情达意。要实现这个目标就要利用课文让学生开展言语活动实践，在听说读写的活动中，逐步学会正确表达。当学生能理解课文内容，并对作者的表达方式有所感悟时，文字背后的思想情感会自然而然地浮现在学生的心中。这就是人文熏陶，而不是人文灌输。

　　什么是人文？在我看来，就是尊重人，发现并维护美好的人性。就是具备民主自由科学平等的常识。有了常识，就能透过现象看本质，不会被带风向的人误导；有了常识，就能面对困境，选择正确的解决方法；有了常识，就能在灾难之后深刻反思；有了常识，就能勇敢一点，说出应该说的话。即便不敢说话，也能由衷敬佩敢说话的人；有了常识，就能有同情心同理心，不会幸灾乐祸，不会麻木不仁；有了常识，就能放眼世界，开阔心胸，从时间、空间两个维度深入观察历史、现在、未来。这些好像与小学生都没有关系，但是人的精神世界的基石是要从小打起的。

　　启蒙语文的观点是我在十几年前提出的。现在看了皇甫老师的摘抄，我又把《讲台上下的启蒙》翻看一遍，心中浮起一个复杂的念头：九年前出版的书居然没有过时。

2020 年 3 月 25 日

六鱼居札记

一、好分数从哪里来

一位同行来信说,自己不想让学生有过重的作业负担,没有在复习阶段让学生买考卷操练,结果考试结束,自己班的分数不如别的班。我猜想,分数的差距大概挺大的,不然不会特地给我这样一个陌生同行写信。这位同行的想法没错,但考试结果却可能让同行怀疑自己想错了。他有点困惑。我回复他说,他的具体工作情况我不了解,无法为他解惑,但我可以分析一下怎样的老师能带着学生考出好成绩。

在小学里能带着学生考出好成绩的老师一般有三种:第一种,逼着学生大量机械刷题的;第二种,平时默默无闻,不善于上公开课,但善于带班的;第三种,能上好公开课又能带好班的。第一种,牺牲学生后续学习兴趣,不讲究教学方法,不值得评说。第三种,是理想状态,越来越少见了。由此可以让我们想到,有一些教师只能上好公开课但是带不好班,考不出好成绩。这是另外的一个问题,这里暂且按下不表。我着重说第二种。

第二种教师往往有以下几个特点:第一,真心关心学生。对每个孩子的情况了如指掌。管理班级,定规矩,讲情理,让学生感受到老师的关爱，从而唤起学生向上向好的内驱力。第二，非常熟悉教材、考点。他们不会上热闹"精彩"的课，但在课堂教学中能把知识点讲得清清楚楚，让学生听得明明白白。第三，愿意花时间。比如在教一年级学生抄写字词时，他们会坚持每次给学生打样子。学生写得不符合要求，就耐心地让其修改，字字过关，人人过关。对于学生作业中的问题，做到日日清。如此，学生从一年级就能养成良好的学习习惯。随着年级上升，听说读写，处处认真，条条扎实。想考不好都难。

2020 年 1 月 10 日

二、再谈好分数从哪里来

有同行看了《好分数从哪里来》发微信问我：怎么才能在课堂中让学生学得明白、扎实呢？我反问她："如果你想学烧'蚂蚁上树'这道菜，你会怎么做？"同行笑了，说："我为什么要学？如果想吃，直接叫外卖，或者去饭店里吃，不就行了吗？"我回答："现在你应该明白，在让学生学明白学扎实之前，先得解决让学生想学的问题。"同行收到我的信息，沉默了好一会儿。我又说："先不讨论你为什么要学，直接说说你打算怎么学？"过了一会儿，回信来了："第一，我先到网上找一个合适的烧这道菜的教学视频。第二，仔细看几遍。第三，自己试着做一次。如果失败了，就再试几次。"我回复道："学生学一种知识，获得一种能力，与你学做一道菜是一样的。"

怎么一样呢？第一，教学目标教学内容要与学生年龄特点、学习规定匹配。第二，要循序渐进地教，教完要提供时间让学生操练。不是一味苦练傻练，而是有针对性地精讲精练。第三，不要怕教不会。一个班级几十个学生总是有差异的。有的孩子教一遍就可以学会，有的孩子教五遍才行，有的孩子教了十遍依然不会。对不同的孩子要有不一样的教学预期，这样，教师才能有良好的心态。有了好心态，就能耐心地教，就能找到更多方法，就能及时发现孩子的进步，给予适切的鼓励。只要学生能在原有基础上有一点提高，就说明教学是有效的。

前天，一个朋友告诉我，他们学校二年级考试卷上有一道题：仿写比喻句。我问，做得好吗？朋友说，有一个班做得非常好，因为老师之前已教过本体喻体比喻词，还教过本体和喻体不能同类。这个班该题无一人扣分。因为全班学生答案一模一样——我的小脸红得像苹果。

"那是因为事先背了句子吧。哪个班级不背，就考得差，对吧？"

"对啊。"朋友笑着逗我。

他知道我向来反对仿写比喻句、拟人句这类考题。作者运用修辞手法是为读者更好地了解自己的感受，更清楚地了解自己描述的事物的特征。修辞手法的使用一定是有语境的。没有语境写个比喻句拟人句毫无意义。至于给小学生灌输术语概念更是错误。记住了本体、喻体这些概念，学生就能体会修辞手法的作用吗？就能学会运用修辞手法吗？当然不会！不然，老师就不会让学生集体背比喻句了。

那个让全班背比喻句的老师大概对学生的成绩很满意吧。看似学得够扎实，学生貌似全被教会了，其实，这样的好分数对学生的心智发展和后续学习生活将造成很大伤害。因为教学内容不合适，学习方式比清朝的一些开明私塾都落后。孩子在这样的老师手中过六年，最终极有可能成为一台考试机器。

我见过一些"考试机器"。我为那些可怜的孩子长久地痛心不已。

2020 年 1 月 11 日

三、三谈好分数从哪里来

有年轻老师问我，"考试机器"是什么样子的？举个例子吧——有一次我借班上课，六年级学生。一个问题提出去，全班学生没有人思考，齐刷刷地打开教辅书，找答案。每当一个孩子说出正确答案，就再也没有人说话了。我提醒学生，相同的意思换一种说法也可以。此时，学生们就会好奇地看着我。他们大概在想，已经有了答案，为什么还要说呢？学习只为得到一个标准答案，独特的感受，愉快的分享都是不必要的。在我看来，这种想法真是可怕。其实，很多同行也有同感——"我也想让学生多读书，少做题。可是别的班全员背句子，全是一模一样的标准化答案。我们班各写各的，自然就会有失分。分数不如别人，过不了关啊。"大家都拿分数的高低来判断教学质量，这也无可厚非，但有的分数是用培养人的方式得到的，有的分数是用制造机器的方式得到的。教育口的领导们对此应该会做出正确判断吧。其实，领导的想法还不是最重要的，试卷质量才是关键。因为分数产生于试卷，试题对日常教学有很大的导向性。

考试，主要可分为水平性考试和选拔性考试。小学里的期中期末考试都属前者。水平性考试的目的是检测学生一个阶段的学习情况，检测教师的教学成效。在我看来，该考试还应该对学生后续学习起到鼓励作用。命题前，命题者需要梳理教材中的单元目标和考查点，明确知识点是识记、理解、运用、综合中的哪一类，还要根据年级学习要求合理分配题量。低年级可以多些基础内容，高年级则要多些综合运用项目。然后确定每个考查点用何种题型考以及难易度、分值配比。最后做出双向细目表。我看到有些高年级的试卷上作文只占30分，而基础识记内容竟然占到近40分，这就很不合适。它会误导老师，平时只要花时间让学生死记硬背就好，语文综合能力的培养完全扔到一边。

昨天收到一位老师的留言，说起五年级试卷中的问题：说明文，只考文章内容，不考说明文的表达特点……书本内容，几乎都未涉及。本册教材中每个单元的训练重点，不管是语文基础知识还是阅读理解，都不太相关。

如此命题，估计不仅未做双向细目表，可能连教材特点、命题要求都不太了解。这位老师感叹：都说得于课内，用于课外，好像都无用武之地。我是不是错了。

这位老师当然没有错。

这几天收到好几份试卷，没必要一一列举问题了，要说的，都已在上面。只希望有资格命题的老师们在命题前多学习命题策略，多研究教材，多了解同行们日常的教学研究情况，多一些将心比心。

2020 年 1 月 12 日

四、四谈好分数从哪里来

关于好分数从哪里来的话题,已经说了三回。第一回讲的是理念,第二回讲的是教法,第三回讲的是命题。

说到底,语文学科要考出好成绩,就是四个字:多读多写。如果老师的教学水平高,那就可以精读精写,事半功倍。多读,是指多读各种课外书。不过,家长、教师千万不要以为只要读了课外书,就一定能迅速提高学生的考试成绩。教育教学工作的复杂就在于每个学生都是不一样的,一种方法在此学生处有用,在彼学生处可能功效一般甚至无用。同理,读课外书也是如此。有的孩子今天读到一个词一个句子,过几天自己就会用了。有的孩子则做不到。此时,就特别需要教师的精心指导,帮助会用的孩子更会用,帮助不会用的孩子学会用。我一直觉得,语文教师引导学生多读课外书,最好不要常想着提高分数。做好了基础工作,该来的自然会来,无非早晚,无非多少。不然,纵使天天等日日盼,也不会来。

基础工作是什么呢?是激发学生的阅读兴趣,养成良好的阅读习惯。大部分学生是天然的阅读者,所以在一年级时就要为学生提供阅读的时间和空间,为学生提供丰富的书籍,使其能自由地选择读物。要为学生搭建分享阅读收获的平台。在阅读指导过程中,不要把读课外书异化成作业和考试。即便因为各种原因,学生不喜欢阅读,通过以上的工作,学生也会发生转变的。

此外,教师最好先喜欢阅读,而且会阅读,然后学生就能自然而然地被教师影响,爱上阅读。

2020 年 1 月 15 日

五、读写的常识

《乡下人家》是篇写景文，语言优美蕴藉。一位老师执教此课时，安排了这样一个教学环节，先是给出句子让学生改成拟人句，然后播放一段小视频，再给出图片、句式，让学生用蝴蝶、西红柿、麦穗等素材说一段描写景色的话。这种读写结合练习在写景文的教学中很常见。

我向来不赞成这样的读写结合。我自己的读写经历告诉我，学生只有真正读懂别人的文章，真正体会到别人在遣词造句谋局布篇上的好处，才能学会别人的表达方式。而且，这个学会的过程需要一段时间。在一节课中，才了解课文内容，语言还未内化，马上就仿写，是没有意义的。因为此时学生习作反映的是原有的水平，与这节课并无关系。换而言之，如果不上这节课，直接播放录像，然后让学生写，他们也能写出那样水平的段落。如果再往深处想，为什么用蝴蝶、西红柿、麦穗来说段呢？这些事物之间有什么内在关联吗？《乡下人家》中写到植物、动物、自然景观、人，这些素材是有联系的，集合在一起，是可以让人感受到"独特""迷人"的。所以，上中高年级阅读课时，教师应致力于引导学生理解课文在表达方式方面的好处，朗读背诵积累语言，自主分享阅读感受，为学生内化语言留出足够的时间，而不是看到一个句式一个构段式样就马上让学生仿写。急吼吼的读写结合，是机械的、无益的。要想让学生通过《乡下人家》学习习作，首先要引导学生体会作者如何围绕"独特""迷人"描绘各种场景。

陈祺老师在《读写指要》一书的前言里引用朱光潜先生的

话：你自己没有亲身体验过写作的甘苦，对于旁人的作品就难免有几分隔靴搔痒。很显著的美丑或许不难看出，而于作者苦心经营处和灵机焕发处，微言妙趣大则源于性情学问的融会，小则见于一字一句的选择与安排，你如果不曾身历其境，便难免忽略过去。

紧接着，陈老师写道：不妨说，写作原本就是特殊的阅读，阅读更是写作的题中应有之义。

朱光潜先生寥寥数语点出了读写常识。陈老师的话睿智精妙，与之相比，我上面的一大段话几乎就是废话。《读写指要》是陈老师编的。陈老师撰写的前言是我近些年中看到的同类文章中最好的。他巧妙地将朱光潜先生的各种观点组合起来，用精简有力的衔接语勾连编排。初看，是陈老师在说。再看，是朱光潜先生在说。三看，是朱先生和陈老师在对话。四看，能感受到一体浑然，看不到编者与著者，甚至忘记了读者自己，只剩下一片常识的温情。朱先生的文章自然是旧的。读写常识更非新鲜事物。于是，陈老师在前言的最后这样写——

群籁虽参差，适我无非新——对每个打开它的人来说，这都是一本崭新的书。

这是读写的行家里手才做得出的文章，写得出的句子。

2020 年 1 月 18 日

六、《江南春》

那天素芬来信,不知怎的又说起了《江南春》。

《江南春》是我在 2010 年上的一节市级古诗公开课。2010—2019 年,我上过不少公开课。同一个内容上第二次、第三次时,我都会修改完善。只有《江南春》,始终未改,如果今年有机会上,我还是用十年前的教学设计。我读诗多年,业余时也试着学写格律诗,但一直不敢上古诗公开课,因为如何带着学生走近古人古诗,我没有想好。直到 2010 年,终于想通,才上了《江南春》。

前年,一批外地同行来沪交流,我为大家上了《江南春》。课后互动,一位老师问:"这首诗的最后两句写的是诗人感叹岁月匆匆,物是人非,怎么不跟学生讲讲呢?"我笑笑说:"讲了,学生能懂吗?"

教小学生读古诗文,教师最要紧的是控制住自己的讲述欲。教师是成年人,有生活阅历,能读到一些参考资料,自觉对古诗有一定理解,于是走进教室就想多讲些给学生听。但孩子没有成人那么多的生活体验,教师一股脑地把自己的感受,或者把鉴赏辞典的注解灌输给学生,是不合适的。当然,有的同行也许是这样想的,哪怕学生现在不懂,我先说给他们听,以后总会懂。或许某些孩子确实如此,但一定有更多的孩子不是这样的。因为每个孩子的学习方式不同。教师用灌输的方式教厌恶灌输的学生,那么对这些学生而言,他们不仅学不好当下的知识,连"以后总会懂"的情况也不会出现了。总之,教学古诗文尤其要在教学内容、教学方式的适切性上花功夫。我在《让课堂说话 3——朱煜古诗文教学策略与实践》中列举了八种常用的古诗教学方法。但如果在一节古诗课中，数种方法一拥而上，那教学效果一定不会好。前几天就听到一节这样的古诗课。多形式的朗读，仿写，补充资料，问题辨析，重点字词的理解，情境想象等，一应俱全，可全都用得不合适。

也是前年，素芬在农村学校支教，邀请我去为农村教师上示范课。去之前，素芬几次提醒我，那边的孩子绝大部分是留守儿童，上课基本不发言。我让素芬录一段学生读课文的音频给我，以便了解学生的学习基础。那次上了《半截蜡烛》，仍是用上海的教学设计。课堂上发言的学生不少，而且还组织了情境表演。据说那节课给当地老师留下很深的印象，过了一年，还有人提及。如果探究成功的原因，也很简单，就是两个字——适切。首先，教学设计要适切。其次，教学实施也要适切。该慢的时候要慢，该快的时候就快。学生有困难的地方就做足铺垫。

适切——真要做到，也是难的——因为需要教师放下自己，真正关注学生、成全学生。

2020 年 1 月 20 日

七、少末的来信

昨天，少末写来一封长信，先抄一部分：

统编三（年级）上（册）教材里有一篇《卖火柴的小女孩》，统编四（年级）下（册）教材里有一篇《海的女儿》。其实作为读者来说，我不大喜欢这两篇童话。因为每每读来，我的内心总会漫上一层难以言说的哀伤。

  我最开始接触《海的女儿》时，也是在小学。记得当时母亲买回一本《海的女儿》的绘本。书制作得很是精美，照理说，小朋友们都会喜欢。可能我终究是个特别的，我并不是很喜欢这个故事。多年以后，我和母亲说起这件事，她对此很奇怪，我解释道："这个童话一点儿也不美好！"于是她又问了我一个问题："难道你不觉得美人鱼很善良吗？这份善良难道不是这个童话最美好的地方吗？"

  平心而论，我一直不觉得美人鱼是善良的。当然，她对王子的好，在最初的时候，确实是善的。可是久而久之，这份善就变味了，因着这份"善"，她反而伤害了更多的人。当然，我们常常会为美人鱼的"爱"动容，因为在化作泡沫之前，她其实还可以选择杀掉王子，自己活下去。但是，美人鱼最后选择成全王子，自己化作泡沫。因此，大家都认为这是"善"的表现。而在我看来，这种做法并不是"善"，而是美人鱼为情所困，为幻所迷。美人鱼的选择，终是为了满足她对王子的痴恋，成全的是那份求而不得的妄念。因着这场爱别离、求不得，美人鱼的姐姐们也失去了美丽的长发，她的老祖母也悲伤地白了头发。可是亲人们对她的付出，却抵不上她对王子的痴想。最终，这痴想葬送了美人鱼的生命，而这兑入痴心的善良终究不是真正的大善。尽管我不喜欢这个故事，但无法否认的是，这是一个好故事。它启迪我们思考，并给予我们许多启示……

  《卖火柴的小女孩》也是如此，火柴里的幻景终是泡影。只是小女孩的内心深处深藏着一抹希望，这份希望让小女孩的形象变得纯粹,可是同时,不得不说这希望也是一份痴念,最终要走了小女孩的生命。这份绝望令人心伤。或许《安徒生童话》的美就源于此,这份压抑着心灵的哀伤迫使着我们思考人性的价值。安徒生的童话让一切变得合情合理,可这自然的背后并不自然。我们无力改变这个世界,但是我们能够改变自己,扭转生活中的哀伤。

在《安徒生童话》中,《拇指姑娘》是我最喜欢的故事,我由衷地喜欢这个姑娘。一方面,拇指姑娘并不因为外在的境遇而自暴自弃,她始终在尝试改变自己的命运;另一方面,无论面对怎样的刁难,她始终谦逊有礼,温柔以待。而在历经重重困境之后,她依旧有一颗善心,能关爱他人、帮助他人。最终,她也收获了自己的幸福,扭转了生活的哀伤。

如果说《安徒生童话》促使我们思考人性的弱点,那么王尔德的童话则向我们传达了人性的美。或许我本身也是一个唯美主义的人,因此,有一段时间我特别喜欢看王尔德的作品。王尔德的作品正如他那句广为流传的名言一般:We all live in the gutters, but there are still people looking up to the stars.(我们都在阴沟里,但仍有人仰望星空。)王尔德的童话有一种魔力:无论再糟糕的境遇,只要有一丝丝的爱,便能将曙光传遍整个世界。因着这片曙光,故事也愈发变得美好。《快乐王子》就是如此,快乐的秘诀不过是帮助别人,快乐自己,但造就这份快乐的背后,需要无私的奉献。《巨人的花园》传递给我们的,也是那份无私的爱。而促使巨人由自私转向无私的,归根结底是巨人观念的转变,他能够放弃独自把持花园的想法,接纳春天。

王尔德的内心住着一个孩童,所以在他的世界里,孩童的那份纯真能改变世界的单一色彩，使之充斥着爱与奉献，最终让世界变得绚丽多彩。可是，现实却不希望人类永远是个孩子，生活迫使着人们成长。所以在《道雷·格林的画像》里，同样也是因为观念，道雷最终失去了所有，只有那画像的美永久地荡漾在时光的年轮里，记载着初时的纯粹，初见的美！

有的时候我会彷徨，阅历与经验能带给人们什么呢？名利、欲望、诱惑……我们总是保护着自己的很多东西，却最终失去了自己最初的模样。人生或许会是这样，生命却不该是这样。尽管我们都在阴沟里，我们仍然能够选择是继续注视阴沟，还是抬头仰望星空；我们同样可以选择是抱怨阴沟的肮脏，还是赞叹星空的美好！

安徒生童话和王尔德童话让我想起了最近看过的两部电视剧，有趣的是，这两部电视剧恰恰都是神话故事。一部是最近的热播剧《三生三世枕上书》。其实很早之前，我就看过这部小说，包括整个三生三世系列。曾几何时，年少轻狂，我亦觉得这般轰轰烈烈的故事令人心醉。可是，经过时光的沉淀，尽管这份沉醉还在，不过我却更能懂得这三生三世的蹉跎，不过是一场执念。而对于现实生活来说，舍得和放下才能成就真正的岁月静好，达到生命的超脱。另一部是印度神剧《众神之神》，这部剧根据印度史诗《罗摩衍那》和《摩诃婆罗多》改编而来，众神之神湿婆遇到过许许多多困境，身为三时的主宰，却不得不面临许多艰难的抉择，但是，他总能用慈悲化解重重的矛盾和困境，并促使其他生命转变观念，选择善和美的人生。

今天的童话和神话，让我想起了几年前认识的一个台湾小姐姐。她也是一位老师，她曾经告诉我：童话和神话是传统文化中最美好的部分，它与我们的生活何其相似。她曾经推荐给我好多书，并细细地为我讲述，包括有不少我看过的书，不过这些书籍每次经过她的讲述，总是会别有一番韵味，她为我心中的童话和神话增添了唯美的色彩。突然好想念那位小姐姐，可惜小姐姐杳无音信已久，我再也遇不见她了。细细回味，生活虽然平凡，但这平凡中总孕育着神奇，就像人与人之间的遇见。

初看信时，我的脑海里冒出一些不同意见，很想写出来。可是读第二遍时，我就克制住了写的欲望。一部作品，不同的读者读出不一样的感受，不正是一件有趣的事吗？有什么必要非得让别人接受自己的想法。如果交流带着"非得"心态，那么交流就失去了平等。这是常识。

少末的妈妈也是小学语文教师。少末说，昨天在家里和妈妈讨论了一下《猫》这篇课文。信中写道：

先说插图，对照统编教材，我更喜欢我自己上小学时候的插图，我还依稀记得我当时真是把书上画的那几只小猫爱到了极点。那一学期，自从新书发下后，每隔一段时间，我都要好好地欣赏课文里这张画着小猫咪的图片，然后幻想着它们能从图片上活过来，在我怀里"咪咪"地叫着，偶尔淘气一下，也在我的作业本上印几朵小梅花……

再说说这篇课文的内容，我们普遍觉得改得还是不错的。首先，第一自然段单独成段后，层次更加分明。其次，"闭息凝视"改为了"屏息凝视"，用词更为精准、贴切，也更能突出猫捉老鼠时的尽职，同时把这个过程描写得更为生动形象。再次，第三自然段的末尾加了"连半朵小梅花也不肯印在稿纸上",呼应了前文"在稿纸上踩印几朵小梅花",写出了小猫只凭自己高兴的古怪性格,同时表达了作者对小猫这一行径的喜爱之情,似乎猫咪本身就是一个依恋大人的小孩子。这篇课文的第五自然段是新加的,妈妈觉得,从学生学习方面来看,这一段是承上启下的过渡段,能使文章结构更为合理。正因这一段出现了可爱,因此下一段原本的"可爱"改成了"好玩"。这样看来,这样一改挺合理的,但是不知道为什么,我还是更喜欢过去文章的写法,虽然这段话使课文结构更清晰了,但是总觉得有点刻意,不够自然。

如果说少末是以一般的读者视角读了童话,那么读《猫》时,她不仅有一般读者的视角,还带着教师的专业视角。用专业视角读书是一种技能,无法凭空得来,一定要靠练习才能获得。拿到一篇文章,教师不仅要读出作者写了什么,为什么写,怎么写的,更要读出可以教给学生什么,怎么教。少末信中提到的"刻意"和"自然"的问题很有价值,但现在还无法讨论,得等到教过之后,根据学生的学习情况才能来细谈。

教学之难,难在正确把握学情、应对学情,如何才能做到呢?很简单——从常识出发。

少末信中写到自己的困惑:

虽然现在的教育要求教师保护学生的创新思维,但在实际操作中,我总觉得有的时候很矛盾,因为学生的有些想法是不对的,但是教师往往在课堂上指出学生问题时,教学语言不恰当,就会伤害他们的这种提问行为,从而影响学生的成长。在课堂上遇到这个问题，怎么解释比较合适？

学生有不对的想法，怎么办？从常识出发——有错误就直接指出。

指出问题时，教学语言不恰当，会伤害学生交流的积极性，怎么办？从常识出发——教师为什么要用不恰当的教学语言呢？如果教师不会使用恰当的教学语言，那就学习啊。学习像一个受过教育的正常人正常地说话。

少末还提到一个例子，说某次听古诗课，学生问老师"春江水暖鸭先知"能否改成"春江水暖鱼先知"。少末说："直觉告诉我不能改，但怎么引导才能让学生既能接受正确的语文知识，同时又能保护他们的创新精神呢？"

我首先想到的是，学生为什么会提出能否改成"鱼先知"？我自己教过很多次《惠崇春江晚景》，从来没遇到过这样的情况。我想答案只有一个——是老师自己诱导的。从常识出发，我们可以知道，诗人创作时的背景、所见所闻所感、格律规则使他写出了这句诗。一首诗流传千年，足见其经典性。对小学生而言，经典是用来学习体悟积累的，对一个经典作品做换词练习真是太不合适了。或许老师想用这种方式帮助学生体会原句的好处，但在教学中教师必须保证能正确引导学生，而不是被学生不正确的想法带偏。不然，就别这样设计。

前些年，我写文章常说到常识稀缺。2011年我出版《讲台上下的启蒙》时，策划编辑朱永通君还特地在封面上写了一句话：所谓启蒙，是回到"教育应当是什么"的常识。

为什么做不到从常识出发呢？

一是缺少知识、修养。如果多读一点教育教学方面的书，就不会设计把"鸭先知"换成别的之类的题目。如果多读一点文学作品和文艺批评，即便学生说到"鱼先知"，也可以给学生做正确的说明。如果平时就懂得将心比心、推己及人，说出不恰当的教学语言的概率就会小之又小。

二是缺少良知、敬畏。比如一言不合，就罔顾事实，昧着良心，不计后果，诬人造谣。

走笔至此，忽然觉得要做一个有常识的人，真不容易。

2020 年 1 月 30 日

八、回信

姜涵越同学：

你好！

很高兴我的古诗微课让你对古诗更感兴趣了。

金老师把你的信转给我，希望我能对你和你爸爸的不同意见做个评判。我很认真地读完你的信。信写得真好！信息量很大。让我一点一点地说吧。

关于"不要一本正经地学"，你已经说明得非常清楚。从你的分析可以看得出你很善于思考和表达，这非常难得。我再补充一句：认真学习很重要，但如果能把学习变成兴趣和习惯，在轻松的状态下扎实地学，就更好了。

对于你与爸爸的争论，我认为你是对的。诗意，一般指的就是整首诗的主要内容。当然，"诗意"这个词在别的语境中还有别的意思。你爸爸和你都是善于学习的人。听一节几分钟的微课，都能主动写笔记，甚至还为笔记"怼起来"。你爸爸用身教给了你潜移默化的影响。我要向你爸爸致敬。在学习的过程中，自己的想法与别人的想法不同，是件好事。学习中，最可怕的就是凡事只记一个标准答案，说与别人相同的话。那样，久而久之，人会变笨。当自己的想法与别人的不同，首先不要去想说服别人，让别人听你的。而是应该先思考别人的想法有没有道理。别人怎么会有那样的想法？如果有必要，还可以查找资料，与对方进一步探讨。这样，你的收获会更多。

你很细心，注意到我没有给"世界奇迹"加上引号。是的，小布丁在我眼中就是世界奇迹。看，我又没加引号哦。为什么这样说呢，因为它会看报纸，它会用十几种叫声表达自己的不同想法，它能通过我的语音语调了解我的心意。神奇的地方还有很多，我今年下半年会写一本关于布丁的小说，等书出版，你读了，就会对布丁更了解。或许你会问我，我怎么知道布丁的叫声有十几种，很简单，就是做个生活中的有心人呗。其实生活中有着太多美好、有趣、奇特的事件、景物，只要你细心留意，即便是你故乡街头随处可见的次坞打面，你也会从中发现有意思的信息。

今天就写到这里吧。我从你的信中还发现，你是一个自律的孩子，这也是很宝贵的。特别是在这个超长、特殊的寒假里，自律会给你带来很多益处。

祝
学业进步

朱煜

2020 年 2 月 22 日

附小观众来信

亲爱的朱煜老师:

您好!

我是一名小学生,在这一周里,我听了您的课,对古诗更加感兴趣了。

朱老师,有一次上课的时候,小布丁——也就是您的猫咪一直在叫。但是您神色不动地继续讲着,我本来兴致勃勃地听着猫叫,但是看到您依然在认真上课,我不禁有些惭愧。因为您为了上课,不去管布丁。而我呢,却只关心小猫在不在,为什么叫。想到这里,我立马调整好,认真听讲,做笔记了。

朱老师,您说"不要一本正经地学"是什么意思呢?反正许多家长对此都有一致的看法:学习就是学习,玩就是玩,哪有不一本正经学就能学好的?但是我觉得这好像也是一种学习方式啊!只不过是"赶鸭子上架式"和"通俗易懂式"的区分而已。第一种是地球人都知道的学习方法,这会让苦逼的孩子们越来越不爱学习。第二种就是您的方法,在布丁叫过后的下一节课,您就把布丁抱来给我们看了,布丁的眼睛里流露出了不高兴,好像在说:"放开我,我要去玩!上学关我什么事。"我们都被布丁那萌萌的样子逗乐了。就这样,先提起我们的兴致,然后再开始真正上课。这样,学生们好像会更有兴趣学习,而且,学习效率也大大提高了。

朱老师,在学习古诗中,我为一点小事跟爸爸怼上了。因为我说诗意就是整首诗的意思,而爸爸说诗意是你对诗的理解,很深奥的样子,什么诗韵、平仄、诗人时代背景、人生处境……

（此处省略600万字爸爸的精彩演说）在第一课《村晚》里，爸爸说我的听课笔记太简单。我不理他，估计爸爸郁闷了，竟然偷梁换柱把他自己对《村晚》的理解发到班级群里，也没有被评为优秀笔记。我送了他一首《凉凉》："凉凉夜色为你思念成河……"哈哈。我们双方都不认同彼此的观点。您认为呢？是谁的观点正确呢？

朱老师，您说您的小布丁是"世界奇迹"，一看评论区，您没加双引号，当时我也以为您说得太夸张了，一只猫怎么会是世界奇迹呢？但是当我继续往下翻的时候，一切都真相大白了，因为有一个网友问："小布丁既然是橘猫，那为什么它不会胖呢？"您说，小布丁会自己控制饮食，所以从来不会胖。面对这个事实，我只想说布丁太棒了，一般的橘猫都控制不住嘴，吃吃吃就是它们一生的使命，布丁真是当之无愧的世界奇迹。

最后，请原谅我说了那么多，因为布丁实在太可爱了。

希望全国人民齐心协力，早日打赢这场战"疫"。

祝您

身体健康！

姜涵越

2020 年 2 月 22 日

九、尴尬的导读课

朋友发来一节录像课，上的是整本书导读。估计是为了指导学生在假期中阅读课外书。整节课分成三个部分：第一，介绍作者、创作背景；第二，介绍部分重点段落；第三，布置阅读后的作业。比如提取信息填表格，画情节图，与家长交流阅读体会，等等。

我向来不赞成将整本书阅读指导中的导读上成课，这节录像课再次验证了我的想法是对的。

录像课中的作者介绍只有几分钟，对小学生而言，那就是一个陌生人，介绍与否对于阅读书而言，关系都不大。如果学生听讲时开个小差，那就更是无用功了。学生还没有读过书，对教师选的重点段落，也是陌生的，无感的。如果教师从自己的阅读感受出发选择重点部分，效果就会更糟。比如，选一段文字告诉学生，里面蕴含了什么道理之类。小学生对这样的导读，不会有兴趣。其实成年人也是如此，谁会为了听作者告诉自己一个道理而拿起书籍专心阅读呢？即便阅读之后，得到一些启发、感悟，也不会因为作者告诉读者，而是因为读者在阅读之后自己感受到。前不着村后不着店地突然给学生看一段文字，教师自己读一遍，然后告诉学生，里面有个道理，如何如何好，学生怎么可能理解？至于布置一堆作业，更是不合理。比如与妈妈讨论故事情节，那就意味着家长和孩子要共读一本书，事实上，有多少家长能做到呢？如果做不到，何谈讨论呢？我也算是喜欢读书的人，如果书未读，先告诉我有这样一堆复杂的作业，我肯定不读了。

为什么要对一本书进行导读？很简单，为了让读者更有兴趣读。如果老师很善于导读，讲了10分钟，学生就很想看书了，但此时下课时间未到，老师非要啰里啰唆讲满一节课，就是不让学生静静读书。课后，孩子的阅读兴趣一定被消磨不少。所以，一般情况下，导读的形式尽可以丰富自由一些，什么形式能让孩子尽快拿起书本自己读,就用什么形式。

目前导读课的尴尬是上完导读课,学生并不想读书,心里只有一个想法——终于下课了。导读课无法从学生的兴趣点出发去导,不舍得给学生阅读的时间,导读过程被课的概念框住手脚。

我看到的这节导读课应该是比较主流的,因此这是一个很严重的问题。

2020 年 2 月 23 日

十、整本书教学和课文教学

关于小学整本书的教学,我的观点可能与很多老师不太一样。如果我的说法和大家日常的做法产生歧义,或者让大家产生疑问,请大家先不要怀疑自己的观点,大家可以按照自己的想法去做,以后再来比较判断。

我一直把整本书教学和单篇课文教学放在一起思考。我在做整本书教学的过程中非常强调先把单篇课文教好。因为我有一个观点,当然不一定对,但这个观点源于我的实践。我认为单篇课文教不好的老师,让他驾驭一整本书,成功的可能性很小。因为单篇文本,要想真正教好,在目标的确定、文本的解读、教学环节的设计等方面都有很高的要求。如果在单篇文本的教学中,这些基本问题不能解决,也就是说他缺乏基本的教学研究能力,当他去教整本书时会遇到更多问题。

我在日常教学中,花了很多力气去钻研单篇课文的教学,我在做整本书阅读教学时,深切地感受到单篇文本的教学经验对整本书教学的巨大作用。

整本书教学与课文教学的关系是这样的：第一，以课文教学为主，整本书教学为辅。有的同行觉得教材中的某些课文不够好，想以整本书教学为主，课文教学为辅。就目前的课程设置、课程要求、师资水平而言，是不可行的。第二，课文教学力求在课堂上完成，整本书教学可以延伸到课外，因为学校教育和课堂教学都是有边界的，不可能无限扩张。老师的时间和精力是有限的，学生的学习时间也是有限的，整本书阅读应该延伸到课外。从方法的角度来讲，课文教学传授基本的阅读方法，而整本书教学是让学生运用阅读方法，读懂整本书。用单篇课文传授阅读方法，学生易于掌握。

在沪教版教材里面有一课叫《采蒲台的苇》，选自于孙犁的小说《白洋淀纪事》。我教这篇课文时，问小朋友们有什么地方没有读懂。一个小朋友说：为什么课文里出现了两次"没有！没有！"这个句子第一次出现在村里的妇女为了保护八路军战士，回应敌人的话中。第二次出现在课文的结尾处。

这个问题很好，说明学生会读书了。这个孩子已经知道抓住语言文字的表达特点，感受小说背后的思想情感。这就是语文课上教的阅读能力。有了这样的能力，学生在读整本书的时候，一定能读得更到位。这样的能力要靠整本书来传授的话，会比较难。因为整本书的容量大，不容易操作。这样的例子很多，比如《小蝌蚪找妈妈》，小蝌蚪第一个遇到的妈妈是谁？鲤鱼阿姨。鲤鱼阿姨告诉他："你的妈妈宽嘴巴，四条腿。"于是，小蝌蚪游啊游，游了好几天，突然他看到池塘里有一只乌龟。他以为是自己的妈妈，因为面前的这位妈妈宽嘴巴，四条腿。他跑上去连叫了两次妈妈，我们知道两个"妈妈"中间通常用顿号，表示停顿。但是，在课文中写成"妈妈，妈妈！"一个是逗号，一个是感叹号。面对这样的句子，我们应该怎样指导学生朗读呢？念完第一个"妈妈"，停的时间长一点，因为是逗号，为什么？因为好不容易找到妈妈了，叫了一声，等妈妈回过头来和我拥抱、相认。可是叫了一声，"妈妈"没有反应，心里着急啊，赶紧再叫一声——"妈妈！"用感叹号。教师将朗读与语句的理解结合起来，让学生通过朗读感受具体的情境。此时学生获得了对语言文字乃至标点的深切体认，从而获得一种阅读能力。这就是教阅读方法和表达方法。这就是好的语文课。

好的语文课，一定是能够传授阅读方法和阅读策略的，用单篇文章获得的阅读方法能促进学生读懂书，甚至不需要老师去做太多的指导，学生就可以读懂，而且还能读出自己独特的想法。我们教小学生读书，应该和学生共读。学生读出学生的感受，老师读出老师的感受。然后老师搭一个平台，师生互动，生生互动，这是整本书教学最理想的状态。不能总是抱着教会学生一些东西的想法去上整本书指导课。

在我看来，整本书教学的目标就是四个：第一，激发阅读兴趣；第二，培养阅读能力；第三，发展阅读趣味；第四，锤炼儿童阅读的意志。从这些目标出发，精心设计学习活动，设计有创意的评价方式才是正途。

2020 年 3 月 1 日

十一、图画书的讲读

  图画书的阅读是需要老师去讲读的。所谓读,就是一般的朗读。当然,朗读也是分几种情况的。譬如说像《獾的礼物》这样的书,故事很长,文字很多。再如《我的爸爸叫焦尼》,文字也很长。像这样的图画书,我们应该用朗读的方式。如果是对话比较多的图画书,我们在课堂上讲读的时候,可以用分角色朗读的形式。如果图画书中有很多象声词,朗读的时候,可能要用夸张的语音、语调呈现出来。教师要用自己的声音给学生带去阅读快感。如果遇到一些特别抒情的,特别诗意的内容,可以适当配一点舒缓的背景音乐。

  那么,"讲"是什么?讲,就是讲图画。讲图画是指导学生读图画书的核心环节。譬如说《我的爸爸叫焦尼》,读完了一页内容,不要忙着翻到后面去,先来讲一讲:"看,这是怎样的一个车站啊!车站里没有其他人,只有狄姆一个人孤零零地站在那里。不过还好,同学们,你们看到什么了?在转弯的地方——对,你看得真仔细!一辆橘红色的火车正缓缓地驶进车站,即将靠站。狄姆的爸爸焦尼就要来啦!他们已经分开好久了,爸爸特地坐着火车从另外一个城市来看狄姆了。"一边说着,一边慢慢地翻过去,"看到了吗?哇,首先映入眼帘的是一条鲜红的围巾,那是爸爸的围巾,他还穿着一件格子衬衫,他跑得那样急。孩子们,你从哪里可以看出他跑得急呢?你看,飘逸的红围巾,还有他的脚步。在这个画面上,那一抹红色多么显眼,可能周围熙熙攘攘的人群早就不在狄姆的视线范围。他的目光只落在爸爸的身上。"这就是讲图画。

这本《我的爸爸叫焦尼》很有讲头。全书最后一页，用的是圆形构图，只有这页是圆形构图。它就像一个电影镜头，慢慢收拢，表示故事结束了。在中国人的观念里，圆形构图象征团圆。画面中妈妈的衣服是红色的，围巾是绿色的。狄姆的围巾是绿底红格子。再来看爸爸，红围巾，红格衬衫。三人的服饰是同一个色系。当然，这可能是画家想追求一种色彩的协调。可是作为中国人，给学生读这个故事，是不是可以请学生讨论一个话题，或者写一小段话：看着这些颜色，看着慢慢收拢的圆形的镜头，你想对狄姆的父母说些什么呢？作为读者，当你读完了这本书，你可以有自己的想法，可以讲一讲自己的感受，甚至是猜想。我相信很多孩子在读完这个故事之后能写出一些良好的祝愿。为什么？狄姆的父母都那么爱狄姆，可是他们离婚了。如果他们能复合，重新给狄姆一个完整的家，那多好。让学生把内心的祝愿写下来，不仅是一种习作练习，更是一种情感体验。

讲读图画书的过程中要留意这样几个误区：

第一，问答式的讲读。不要一问一答，即使是上语文课，也不赞成问答式。老师抛出一个问题，你来说，他来说，说不出，就往答案上引。一个，两个，三个……终于说对了，一块石头落地，然后很高兴地进入下一个环节。这样的现象，是不是在一些蹩脚的语文课上司空见惯？有的老师在讲读图画书时也采用这样的方式。当然，必要的问也是需要的，但没有必要琐碎地问。

第二，表演式的讲读。讲读过于戏剧化，始终让孩子在那里疯疯癫癫、嘻嘻哈哈地模仿，不合适。千万不要做过多的表演式讲读。或者，完全把讲读变成表演。如果你要表演，那就不要讲读，可以专门安排表演。不要在讲文字，讲图画的时候穿插过多的表演。讲读的时候，应该是静静的。

第三，功能化的讲读。有的老师特别注重图画书的某一个功能。比如故事的文字很好，就盯着文字讲，把它当作学习语文写段的资料。我一向不赞成这样做。图画书是一种特别的文学表现形式，它和教语文是两回事情。图画书最大的作用是审美。把图画书当成语文教材，是很不合适的。

第四，做过度的诠释。读了图画书以后，你或许会得到很多感受。可是，学生未必能读出来。比如说《獾的礼物》，成年人会从中感受到面对生与死的豁达。学生肯定读不到这一层。但他们一定有自己独特的想法，教师要给予尊重，并要从学生的分享中获得启发。

第五，技术主义讲读。如果讲图画书的时候把重点全都放在封面、环衬、线条、构图、色彩等技术层面上，从技术的角度分析这幅图是怎么画出来的，那幅图在绘画的角度有什么特色，那就完全错了。讲读图画书不是要培养小画家，而是要给学生带去审美体验和人文熏陶。

2020 年 3 月 10 日

中编 聪明之读

理解不了的诗情

　　回想起来,关于饮食的书,最早读的好像是《知堂谈吃》(钟叔河编,中国商业出版社,1990年版)和《讲饮讲食》(枕书著,香港中华书局,1990年版)。《知堂谈吃》,说的都是再家常不过的菜蔬点心荤腥。那时是20世纪50年代初,知堂老人(周作人)几乎每天给《亦报》写"豆腐干"文章。文章虽小,格局却大。比如他写《藕与莲花》,先是介绍藕的吃法,再说莲子的吃法,接着说有人能拿荷花花瓣酿酒,最后忽然宕开一笔,将莲花和桂花做了一番比较:"莲花与桂花在植物中确是怪物,同样的很香,而一个开花那么大,一个又那么小。可惜在中国桂花为举人们所独占,莲花则自宋朝以来归了湖南周家所有,但看那篇《爱莲说》,说的全是空话,是道家譬喻的一套,看来他老先生的爱也是有点靠不住的了。"明明在写家常小食,可写着写着,老先生忍不住要跑一点野马发发议论。知堂老人的这类文章一路读下来,每篇都像是聊天记录,平易流畅。可回过头再仔细读读,却发现原来都是很高妙的文章。

　　枕书先生本名吴德铎,是科学史学者、博物学家,已去世20多年。他写饮食的文章以及其他博物文章全是扎实漂亮的知识小品,被翻译家傅雷先生誉为难得的好散文。抄一段他写苦瓜的:

比屈大均更早的李时珍《本草纲目》也著录了苦瓜,并认为郑和的随员费信的《星槎胜览》中所记苏门答腊产的一种瓜,"疑此即苦瓜也"。因而有人据此以为苦瓜是郑和一行所赍归,加上有些植物学家主张苦瓜原产印尼,这样,苦瓜是三宝太监下南洋时传来,就显得更为可信了。这说法虽很诱人,却未必经得起推敲。因为我国早期记录苦瓜的科学典籍除了《本草纲目》,还有《救荒本草》,后者是朱元璋第五子朱橚的著作,这书称苦瓜为可以帮助人们度过饥荒的"锦荔枝"。徐光启《农政全书》指出,它本是常见的蔬菜,"不必救荒"。《救荒本草》最大特色是不少内容来自作者的直接经验。既然朱橚已经指出,苦瓜可用于救荒,永乐、宣德年间郑和始传来之说,便不攻自破了。

枕书先生在自己的《文心雕同》一书中曾提到这类文章的作法:"……写法和正统的科普作家略有不同,我不是一本正经地讲解知识,而是天南地北,上下古今,胡乱地凑合,好像烧小菜一样,各种味道都有一点,力求能适合不同的口味。""胡乱地凑合"当然是作者的自谦。"凑合"的背后有深厚的学养通达的见识。"凑合"出来的文字极具文章之美。

生活在某地,习惯了某些食物,习惯了某种口味,要想改变是蛮难的。比如我,是上海本地人,早上喜欢吃一碗泡饭,佐以乳腐酱瓜,咸菜炒毛豆。夏天,冷开水泡饭,吃到肚中,浑身舒爽。冬天,泡饭用开水煮开,吃得周身暖洋洋。如果改吃面食,一两天还好,时间一久,就受不了了。读书也是如此,特别是人到中年之后,习惯了某种风格的文笔,某种文章作法,就会顺着那一路读下去,不大能接受别的味道。

某天参加一个文学讲座，在会场外的书摊上见到焦桐的《欲望厨房》。我读过焦桐的《台湾味道》，印象很好。这本《欲望厨房》薄薄一册，红底封面上嵌了一幅别致的小图。封底上印了几段推荐词，开头一段写道"焦桐异想天开，把食谱写成了诗谱……"我一下子有了兴趣，虽然书被塑料纸严严实实地包裹着，无法翻阅，还是买下了。回到家，拆了塑封，随便打开一页，看到一道菜，菜名"心灵改革"。这道菜的做法是："1.以牙刷仔细为螃蟹洗澡。2.以注射器喂她白葡萄酒。为她松绑，含笑看她两眼迷蒙，陶然大醉。3.水注入蒸锅内，烧开。螃蟹入蒸笼，仰卧。……"一通玄虚，原来是蒸螃蟹。其后有一首诗，抄一小段在这里——

　　……
　　双手握住你，
　　掰开你的肢体，
　　剥去你的外衣，仿佛
　　怀孕的爱人的依赖，
　　每一寸肉都是一支歌，
　　……
　　你是美丽的蟹，醉倒
　　等待我厨艺家的巧手
　　将你料理。你假寐等待
　　我美食家的舌头
　　将你品尝。

确实"异想天开"。吃蟹本来是件风雅的事,用"掰开""剥去"来描述,真不能接受。后面几句更是离谱。如果螃蟹是在假寐,说明还活着,你却要将舌头伸过去,活吃它,这是不是有点吓人?在这本书里,"春情荡漾"是一种茶,"露水鸳鸯"是一条鱼,"巫山云雨"是一道甜品。原来作者是借用食谱的式样写诗,也花了力气,每首诗的题目都是一道四字菜名,奇幻无比。然后用"材料""做法""说明""诗"四个部分阐述。陈思和先生评论道:"四个部分构成一个完整的诗歌文本,环环相扣,层层解构,饱含着多种元素的(诸如食物的、历史的人性的)悲剧感。"焦桐借用各种稀奇的食材解构文化,讽刺世情,剖析人性,畅谈欲望,创作实验性诗歌。或许有的读者是喜欢的。可我却接受不了。我总觉得诗歌要给人以审美体验,作者别出心裁,用"孟加拉虎鞭""轻盈苗条的猪脚""严重发情的公鹅""刚发情的公鸭"做文学意象,我一点儿感受不到美好的诗情,这样的诗不读也罢。再说,因为先入为主,我已习惯了那种有知识、有情感、有文化、有见识的饮食文章。我并不排斥创新,但作者把饮食题材试验到这个地步,我只好笑笑,把书塞进书架一角。

写到这里不禁想起《台湾味道》里有篇文章写蚵仔煎,说蚵仔煎的由来,与海蛎煎的区别,以及具体烹制方法。文章最后部分写得好极了,描述几个经营蚵仔煎的老板,活灵活现。焦桐说最好吃的蚵仔煎在槟城,很多槟城人一天不吃林老板的蚵仔煎就不自在。

……林忠亮自 1958 年开始经营蚝煎,而且只卖此味;其实他父亲已经炒了四十几年了。两代人靠蚝煎生活,将近一百年坚持只卖这样的蚝煎。

　　林老板满脸油汗站在火炉前，穿的背心已然湿透，颈项上搭着一条毛巾，炉火兴旺。他倾油入火上的大铁板，铁板上先放进蚵仔、青菜，再舀入兑过水的番薯粉，打蛋进去，香味随着热气蒸腾四散，油花亢奋地跳舞；当平锅中的蚵仔煎微黄，翻面续煎，再铲起，装盘，淋上甜辣酱。

　　我在台湾也常吃蚵仔煎，可就不曾吃过如此酥脆的蚵仔，如此货真价实。他的蚝煎永乐大量的蚝，加韭菜、番薯粉，再加捣碎油炸过的大葱头，虽名为"煎"，实则重油到接近炸的地步，可真的很好吃。

　　很巧，蚵仔煎和海蛎煎我都吃过。读完上文，热气、香味好像就在我跟前。

2014 年 12 月 31 日

奥数是谁的替死鬼

前不久,读到一个五年级小学生的日记,写的是她参加某初中的提前招生考试的情况:

……监考老师发下卷子后,我们立刻埋头思考起来。我一看题目就惊呆了,竟然全是奥数题!这对于我这个没怎么接触过奥数的"小蝌蚪"来说,无疑是一场巨大的挑战。我的大脑一片空白,心"咚咚"乱跳。呀!这道题似曾相识,但我绞尽脑汁,左思右想还是没能想出解题方法。我的头上不禁沁出细细的汗珠。转头看看其他同学,也都紧锁双眉,抓耳挠腮,努力思考中。我努力使自己镇静下来,挑会做的题目先做。然后再攻克难题。时间一分一秒地过去,直至交卷时,我还有三四题没有答出来……

说来也巧,没过几天,就在《文汇报》上读到一则新闻,说:"基于对上海市10个区400多户小学生家庭的五年三次跟踪调查,近日,一项由上海交通大学安泰经济与管理学院副教授伍青生完成的'奥数调查'出炉。"调查结果表明:"小学生选择校外奥数课程的比例在三年级的时候大幅增加。具体来说,是由一年级时(2008—2009学年)的35.27%,大幅提高到三年级时

（2010—2011学年）的68.49%，再小幅提高到五年级时（2012—2013学年）的71.25%。"奥数不是人人都可以轻松学会的。要学会，就得花时间，"小学生自身每周课后复习奥数的时间，翻倍于校外课程的时间。校外奥数课程的时间大部分是每周三小时，少量是二小时或四小时。但学生每周课后复习奥数的时间，三次调查分别为6.07小时、6.41小时、6.72小时。可见，每周奥数的平均时间为9～10个小时。"即便如此，可能还是有孩子学不会，所以"奥数课程教师要求小学生三年中为奥数花10000小时的课外时间"。花了时间，花了钱，花了精力，学习效果如何呢？报上说，奥数大量挤占了小学生的睡眠和锻炼时间，还打击了部分孩子的自信心，甚至有学生说："奥数让自己就像个傻瓜！"很多人原以为，奥数虽难，一旦学会了，可以促进孩子思维能力的发展。没想到，这份研究报告称："奥数的题海战术强化了学生的模仿，有损于发散性创新能力的培养和发展。"如此看来，奥数对绝大部分小学生而言，只有弊没有利。

说起奥数的难，我忽然想起五年前读过的一本书，叫《奥数是个替死鬼》，三联书店出的。作者是位校外辅导机构的专职老师，清华大学出身，教小学奥数和中学物理。在第一页上，他就让读者们看了一道奥数题：

动物园里猩猩比狒狒多，猴子比猩猩多。一天，饲养员拿了十箱香蕉分给它们。每只猩猩比每只狒狒多分一根，每只猴子比每只猩猩多分一根。分完后，只剩下两根香蕉。如果每箱香蕉数量相同，都是四十多根，而且猴子比狒狒多六只，猩猩有十六只。那么动物园里有几只猴子？

我对奥数一窍不通，乍一看，竟莫名其妙地觉得这道题与"语文教得最好的是体育老师教出来的数学老师"之类的网络段子有异曲同工之妙。作者说，答案是十九只。可怎么算出来的，他想了一夜也没有头绪。没想到，早上起床去了趟厕所，竟想出来了。这是三年级的题目。作者还说，自己的解题思路清晰，"趣味性强"，相信孩子们会"高高兴兴地听下来"。说到趣味，我忽然又想起一本书，叫《趣味数学100题》，少年儿童出版社1979年4月出版，32开方形开本，图文并茂。编辑对小读者们说："作者采用故事、童话、儿歌、游戏等多种形式，生动活泼地教给你们许多有用的数学知识。"书中第二题说："一个大人一餐能吃四只面包，四个幼儿一餐只吃一只面包。现有大人和幼儿共一百人，一餐刚好吃完一百只面包。这一百人中，大人和幼儿各有多少？"题目下面画着厨师给大人小孩分面包的有趣情景。这和现在的奥数题蛮像的，但作为读者我至少还愿意去思考，不像那道"猴子猩猩狒狒"，连题目都不想读第二遍。

糟糕的是现在"猴子猩猩狒狒"太多了，难怪小学生会觉得自己像个"傻瓜"。明知会变成"傻瓜"，明明对奥数恨得牙根痒痒的，为什么还要去学？因为一些好初中要用奥数选拔学生。进了好初中才能进好高中，然后一路好下去。我问了好几位初中老师，初中里有没有专门的奥数课程，都说没有。奥数，就是一块敲门砖。这块砖在敲开门的同时，也把很多小学生、家长敲得眼冒金星甚至血流满面。我可以理解初中选拔好学生的想法，他们有中考的压力。只是能否选择更好的选拔、评价方法呢？

钱穆先生在《师友杂忆》中记载了自己某次参加地理课考试

的情形:"一次考试,出四题,每题当各得二十五分为满分。余一时尤爱其第三题有关吉林省长白山地势军情者。乃首答此题,下笔不能休。不意考试时间已过,不得不交卷。"当时教钱先生地理课的是吕思勉先生。那时的吕先生才25岁,钱先生13岁。吕先生看完钱先生的试卷便忍不住在卷后加批注,"一纸加一纸,竟无休止"。吕先生用铅笔写批语,写久了要再削,为了省事,他竟将铅笔劈开,取出铅芯,"不断快写"。最后写了多少,写了什么,钱先生并不知道,他只知道,自己只答一题竟得了七十五分。

虽然在上述例子中,我们找不到可以借鉴的具体方法,但是"七十五分"背后的学生观、因材施教关注学生发展的评价理念很清楚地展现在我们眼前。

换一个角度说,按照正常程序招生,然后用优质的教学质量完成中考任务,真正实现教育的均衡化发展,行不行?可以的!只是辛苦一点。要认真教研,提高教师业务能力,努力提升课堂教学效率才行。问题是,这不正是教师的本分吗?如果彻底杜绝了以考奥数为主要手段的选拔考试,小学生的负担会减轻很多。或许到了初中阶段还能爆发出更强的学习力。

《奥数是个替死鬼》的作者站在校外辅导机构的立场上,批评学校教育的不足,学科教学质量的不佳,介绍自己的奥数课有趣,能吸引学生,并借助家长争着报名参加辅导班来佐证校外辅导机构存在的价值,且为奥数正名。虽然我对他的一些观点并不赞同,但有段话他是说到点子上了:

> 所以,折磨孩子的是人,不是题。折磨孩子的老师,无论是

在培训机构还是在公立学校，无论是教奥数还是教音乐、体育，结果都差不多。有些题目大人不会做并不意味着对孩子就是折磨，思路和心态不同而已，教学过程才是关键。奥数就像一把菜刀，问题在于拿刀的是恶棍还是厨师，如果是恶棍，手里换了擀面杖一样要伤人。

由此想来，奥数确实是个替死鬼。它在替谁死？我们应该深思，并积极展开"营救行动"。

2015年5月5日

"过去竟然是这样啊……"
——序《先生当年——教育的陈年旧事》

刚读完木春兄去年惠赠的三本关于民国教育的新书,就收到了《先生当年——教育的陈年旧事》的电子稿。蒙木春兄抬爱,要我作序。这当然是我的荣幸,希望以下粗陋的文字不要坏了书稿的清雅。

好像是在2009年暑假,我去南昌参加《教师博览》杂志的笔会。我到得晚,独自吃过晚饭,去找蔡朝阳兄聊天。我们是网友,之前没见过面。在朝阳的房间里,我也第一次见到安静的木春兄。

"我是上海朱煜。"

"我是福建东山王木春。"

现在想来,我们的自我介绍好像有点民国味道。

那天晚上,主要是我和朝阳在说话,天南地北,时事政治,读书心得,如此而已。木春兄一直在为我们泡茶。那是我第一次领略福建人泡茶的功夫。一套旅行茶具,素净雅致。倒水、烫杯、醒茶、泡茶、斟茶、续水……木春兄娴熟的泡茶手法在我眼中,宛如高妙的艺术。我见过茶道表演,与木春兄相比,实在做作。泡茶间歇,木春兄偶尔慢悠悠地插话。那天具体说了什么,现在都已忘记。第二天开会,会后我先行离开了。

过了两年，某次我在一家杂志上发表了文章，杂志社寄来样刊。那天，我正好去单位传达室，保安师傅递给我一个快递，问："朱老师，我们学校有这个人吗？"我接过一看，收件人处写着"王木春"。再看杂志名称，我一下子明白了。寄样刊的杂志社将我与木春兄的通讯地址搞混了。那次，我和木春兄的文章刊登在同一期杂志上。

世界真小。某日与朱永通君聊天，他是拙著《讲台上下的启蒙》《教书记》的策划编辑。聊着聊着，不知怎的，提到了木春兄。永通君笑着说："木春是我的同乡，多年的好友哦。"匆匆几年，2013年寒假，我登上东山岛，又见到了木春兄。东山岛真是好地方。一出门，上面是湛湛青天，下面是无边碧海。坐在细软的沙滩上，看青翠的树丛，听海涛阵阵，心会很静很静。我在东山岛住了两天，受到了木春兄伉俪和永通君的热情款待。告别时，我对木春兄说，这里真是读书的好地方。木春兄笑着说，以后来多住几天，可以在这里写东西。可惜，东山岛没有再去，手边总有还不尽的稿债，在纷扰的世事中，心烦意乱见缝插针地写着。木春兄读书则读出了成果，三年光景，编写出四本书。

《民国名家谈作文之道》《过去的课堂》《为幸福的人生》都是文章汇编。而这本《先生当年——教育的陈年旧事》则是木春兄大量阅读后，孜孜矻矻地写出来的。有一种说法，叫作替人读书——书太多，会读书的人先读，然后分享阅读心得，为别人指出读书路径。《先生当年——教育的陈年旧事》就是一根"度人金针"。我也喜欢读民国人物的轶闻趣事，读到动心处，便摘抄下来，引用到自己的文章里。与木春兄相比，读得实在太少了。这本书中起码有一半的资料是我没读过的，将来有机会一定要向木春兄当面请益。

民国的纪年延续了38年，但近十多年来，不少"挖掘工"从那时的知识界里发掘出太多的精神矿藏。木春兄就是其中一员。短短的38年间，虽然国家内忧外患，积贫积弱，可知识分子有风骨、有学问，活出人的样子。木春兄不仅为我们呈现出那时的中国人中的优秀分子的群像，更将自己对他们的敬意用于现世的观照。比如，他读到陶希圣在《潮流与点滴》一书中回忆商务印书馆的编辑等级制，想起一段往事：

> 当时有位朋友在教育局当主任（股级），某天我去找他，他正踌躇满志地坐在崭新的办公桌前，我记得桌上还摊着一本厚厚大本子，本子下面是一层软皮做垫，上面是日历，旁边还可夹进照片等等。看得我眼花心热的。我感觉办公室有点挤，就随口问朋友："房间太小，办公桌何必这么大？"朋友微微一笑，神秘地问："你知道这办公桌的学问吗？"我摇头。他告诉我，副局长的办公桌更大，有多少米长，正局长的办公桌又更大了，是多少米长。我问为什么要搞得这么复杂。他"嘿"的一声，嘲笑我，又启蒙我说："你个书呆子，这叫级别，怎么能随便越级的？还有啊，办公桌的摆放位置也是有讲究的……"我读过一点古书，知道古代一点礼仪，但无法和现实扯上关系。我以为朋友是跟我说笑话。

教育局局长们的办公桌大小如何，我没机会去欣赏、比较。如今，读了陶希圣"桌子的故事"，我不得不相信朋友当年的"启蒙"——在单位里，桌子是特殊的"名片"，是身份的象征，等级的物化。同时联想起曾经去过的几所中学，那些校长办公室的桌子、副校长办公室的桌子、普通办事员的桌子，果真大小不同。

什么时候，教育界里的办公桌，不再有那么多的大大小小，甚至就像当年的北大，"每个教授的桌椅都一样"，也许就是教育真正有希望的时候。

在本书中，这样的思想之光随处可见。木春兄是位优秀的高中语文教师，虽然也有忙于应试的时候，但他从没有停止过阅读、写作、思考。木春兄的学生是有福的，在确立价值观的紧要时期，能得到一位明白的老师引领。作为同行，也是有福的。在木春兄细致的笔触间，我们感受到前辈的思想光芒和人格魅力，得到战胜黑暗的力量。

我还特别留意书中关于民国时期的学校管理运作的介绍。有一篇介绍无锡辅仁中学的文章，我印象尤深。

无锡辅仁中学是一所袖珍型的私立学校，是圣约翰大学四位早期校友回乡创办的。学生仅200名左右，基本来自创办人在附近的亲戚朋友子弟，少数从四乡八镇过来。别看学校规模小，培养出的人才却不得了：在海峡两岸就有12位院士（据较近数据，全中国的院士人数，北京第一，上海第二，无锡第三，无锡共60人）。还有一位著名的科学家钱钟伟，以及国学大师钱锺书。

极小的规模与极大的成绩形成强烈的对比，原因何在？第一个原因是校址：

辅仁中学独具浓厚的历史文化底蕴。学校没有任何围墙，与古老的东林书院比邻而居，中间相隔一排矮松树。东林书院内保存一座东林祠堂，有学生顽皮不听话或不用功，老师就带他们到祠堂的小石凳上罚站，伴以谆谆教诲："那几个人就是你祖宗！你对不对得起你祖宗？"祠堂里供奉的除了旧时东林党人，还有本地一些杰出的读书人，所以学生都自命为东林党人。不难想象，如此切近而富有人情味的训诫所能达到的教育效果了。

但更主要的原因，我认为是学校的管理机制：

辅仁中学没有校长，而是几位老师组成校务委员会，由一位校务会主任负责日常事务。这管理模式，就是放在今天，一点也不落后。大概辅仁中学是私立学校，多人合办，且创办人对教育怀有共同热情，一心服务乡里，所以教学理念和公立学校有所差异。据许倬云回忆，当时和辅仁中学仅一河之隔的县女中，办学理念就大为不同。

另外，先进的教学理念和教学方式也很重要：

更奇的是，辅仁中学极力倡导学生间的互助互帮，形式上接近于今天的合作学习。班上同学三五一群，自主结成一个个小组，彼此切磋学业。每天下午四点钟放学，小组同学不急着回家，在学校里共同继续学习两个钟头；寒暑假也是一小群一小群同学自己上课，超前学习。第二学期或第二年上课时，老师讲课，这群学生已先读过，老师就教别的东西。课文都是学生自学，老师点拨和指导学生，不讲课文本身。

这是一所非常自由的学校："功课好的学生可以跳班。教育部对学校办学没什么干涉，连课程纲要都没有。""教数学的教员可以教国文，教国文的可以教地理，历史教员也可以临时过来教物理，不是乱搞的，教得十分称职。"师资水平这样高端，学校管理这样开明，学生怎么会学不好！

木春兄在文中引用许倬云先生的感叹："我想很难再找到一个那么自由自在的学校，以及让学生随心所欲的老师。对我来说，这样的教育十分有用。"木春兄特地说喜欢句中两个词：自由自在，随心所欲。因为它们是诸多原因的核心。

20多年前的一个清晨，我走进东林书院。没有其他游客，我抚摸着院内的一根清代石柱，心中全是思古幽情。终究是读书太少，那时完全不知曾有一所美妙的学校就在东林书院的隔壁。如果现在去看，还会有遗迹引我默想吗？有人说，读历史就是为了知道将来又要发生什么了。这话太悲观。不过也难怪，看多了种种惨烈的历史，这样想也是自然。而我作为一名小学教师，整天与可爱的孩子在一起，心中难免灰暗少些，光亮多些。所以我读到木春兄讲述的这些历史故事，总会如孩童般天真地想，如此自由的学校应该会在将来重现吧。

了解民国人物的陈年旧事，最好的方式是三五友人围炉而坐，喝着茶，慢慢地聊。聊到尽兴处，忽听一人惊呼："过去竟然是这样啊……"众人抚掌大笑，所有滋味尽在其中。木春兄，那时免不了又要劳烦你泡茶哦。

2016年9月28日

吃包子只有一个理由

手边的这本图画书叫《总有一个吃包子的理由》。中国有着悠远丰富的饮食文化,吃,是大人小孩都喜欢的话题。这样的书名很吸引人。作者是袁晓峰。以前知道她是名校长,是著名阅读推广人,但读她的作品还是第一次。

故事的主人公是一个叫毛毛的小男孩,他喜欢吃包子。放学回到家,急忙向妈妈提出,想吃包子。因为在回家的路上,毛毛经过包子铺,见到了里面热闹的景象。可是妈妈已经准备了蛋糕、海鲜,还说昨天刚吃过包子。毛毛忽然想起了外婆。妈妈说,周末去看外婆,请外婆蒸一锅梅干菜包子。可是今天就先吃一个冰激凌吧。或许在有些孩子眼中,冰激凌、蛋糕比包子诱人多了,能够一进家门就吃到这些是求之不得的事。可毛毛却是个特别的孩子,他开始跟妈妈"纠缠"——

先给我买个豆沙包,因为它和冰激凌一样是甜甜的。妈妈"不甘示弱":蛋糕也是甜甜的,还是吃蛋糕吧。毛毛继续说:"可是,我不喜欢吃烤的,包子是蒸出来的……"

妈妈真奇怪,好像偏要与毛毛作对似的:"馒头也是蒸出来的。吃馒头吧?"毛毛"回击":"可是馒头没有馅儿呀……"

妈妈非常坚持,说蛋糕已经买好了。毛毛也非常坚持,说蛋糕可以放到明天早上吃。

毛毛很会坚持,他夸奖妈妈是最会讲故事的妈妈,还说昨天晚上包子爷爷在他的梦中讲了很多故事。这些故事真是离奇:灌汤包喝饮料,小倭瓜住在包子里,韭菜喜欢鸡蛋,肉包子打狗的结果……包子爷爷的故事当然都与包子有关。妈妈听着听着,忍不住说出了真心话:"其实,我也喜欢吃包子……"就这样,毛毛和妈妈等不及周末去外婆家吃梅干菜包子,而是当天就去了包子铺,吃包子。

后来,毛毛长大去国外念书。回国探亲,外婆便会做包子给他吃。在国外,他竟然自己做很多包子请同学们吃。吃包子的理由只有一个——很好吃!

看文字,能了解一些信息。看图画,能了解另一些信息。把文字和图画合在一起看,又能看出别样的信息。这就是看图画书的妙处。画家用跨页的形式表现包子铺里热闹的场景。右边画厨房,几位厨师挤在一起,忙个不停。桌上满满当当地放着各色馅料。左边画店堂,顾客们或吃包子,或点单,或排队,或敬酒。画面上几处简单的文字:"干杯""哇呜""好好吃""尝尝这个"成了极好的点缀,渲染出热气腾腾的气氛。当毛毛回到家,向妈妈提出要吃包子时,画家也用跨页表现。妈妈在厨房里忙活的情景被放得很大,将右边的画面撑得很满,仿佛有一种压迫感。而毛毛则出现在左边的角落里。这样的设计好像在预示妈妈不会那么快答应毛毛的要求。在表现毛毛逐渐长大的情节时,画家还是用了跨页的形式,将毛毛成长过程中三个重要场景画成小图,放在一起,用白色背景衬托,颇有蒙太奇的感觉。更有意思的是,每个场景里有年龄不同的毛毛,还有相同的包子。

跨页用得好，单页也用得很妙。比如，当毛毛与妈妈争论时，画家在左边画母子俩争论的情景，右边则画了人物争论时的联想或者背景，使读者在阅读时不知不觉地扩展了遐想的空间。又如，当毛毛为了说服妈妈，讲述很多奇特故事时，画家连续用几张单页呈现，一下子加快了叙述节奏，为妈妈被说服做好了铺垫。

我特别留意了外婆这个次要人物。在书中，外婆出现了四次。第一次是外婆在做梅干菜包子；第二次是外婆年轻时为毛毛的妈妈做包子；第三次是毛毛出国留学，外婆抹泪送行；第四次出现在封底，外婆从菜场买了菜，乐滋滋地回家去。我想十有八九是回家去做包子吧。这四次出现，有作者们的匠心在焉。毛毛为什么爱吃包子？因为妈妈爱吃。妈妈为什么爱吃包子？因为外婆爱吃。外婆为什么爱吃包子呢？大概是因为外婆的妈妈也爱吃吧。全书以外婆的形象收束，加上毛毛出国的情节，让读者由此感悟到家庭的温馨，故土的滋味。任你去国千万里，总有一种味道在呼唤你回家。外婆的形象隐喻了悠久的传统、温暖的民俗。这个故事好就好在没有一讲到妈妈带着毛毛去吃包子就结束，而是一直讲到毛毛在国外念书时请各种肤色的同学吃包子。此时，包子不仅仅是食物，更是家族亲情、传统文化、家国情怀的象征。

当然小朋友是读不出这些的，也不必读出来。他们只要笑着轻读毛毛与妈妈争论，只要笑着议论毛毛不吃冰激凌偏要吃包子，只要笑着想象肉包子与狗的故事结局，只要笑着猜测画家为什么把每个人物的脸型都画得像包子就好。如果有兴趣，可以邀请爸爸妈妈一起观赏这本书最后的"彩蛋"——做包子的流程。如果爸爸妈妈心灵手巧,来了兴致,备下材料,一通忙乎,蒸出一笼很好吃的包子,那就更好了!

2016 年 7 月 24 日

读《绿光芒》

一

有一天我在《新民晚报》的副刊《夜光杯》上看到梅子涵教授的一篇文章《墙上》。文章写的是因为看到墙上的讣告而联想起几位曾经与作者有过或深或浅的交往的同事。文中提到一位李老师,因为经济拮据,每个月都向梅老师借钱,到下个月发了工资便还。后来为了准备高考,梅老师写了一篇作文请李老师指教。作者这样写:

……过了一天,他把作文递给我,仍旧是用借钱的轻声语气告诉我,写得很不错,应该可以得九十分的。

后来我考取了大学,毕业后和李老师在一个系,渐渐成为作家,渐渐有名,他好几次对我说:"你出了很多书,啥时候送两本给我读读?"我答应了,可总是我带去了却没遇见他,遇见了,又忘记带,最后没有送成。直到看见墙上他离开的消息,我才批评自己。他给过我一个多么重要的分数,让我信心十足,我去考试时,心里想的就是,李老师说我可以得九十分!

我小时候常从父母的闲聊中得知一些像李老师这样每个月都需要借钱才能过日子的人。这些人有才华，却没有机会施展才华让自己过得体面一点。所以读到这篇，一下子就把我带进了回忆里。梅教授用极其克制的笔触，刻画了一个特殊年代中的本分拘谨的知识分子形象。没有铺陈，没有渲染，可是读者却感受到了文字背后丰沛的情感。

这是我第一次读梅教授非儿童文学作品，印象极深。我对一个朋友说，梅教授的散文比他的儿童文学作品好。在一个夏日的傍晚，一个偶然的机会，我与梅教授在一个漂亮的花园里共进晚餐。之前见到梅教授不是在会场上就是在教室里，讲课一结束，便会有许多同行、学员把他围起来，请求合影。那天，我依然没有请求与梅教授合影，我只是把说给朋友听的话再说了一遍。梅教授微笑了一下，没有说什么。后来才知道，梅教授那时正在创作《绿光芒》，《墙上》是其中的一篇。

《绿光芒》是一本特别的回忆录，也是一本美妙的散文集。在书中，梅教授将亲人师长、邻居同学、伙伴学生、同事领导们的故事娓娓道来。每篇都是两三千字，每篇都是用两个字做题目，故事虽然不同，却都充溢着温情。

梅教授的儿童文学作品的语言风格很独特，常用短句口语，有时还将上海方言妥帖地穿插其间，形成一种特殊的回旋的节奏感，让人觉得俏皮有趣。一读就知道是他的作品。这种语言风格在《绿光芒》里也有。有的依然俏皮，比如：

我想，为什么写三毛我的文笔是最合适的呢？我小时候看滑稽电影《三毛学生意》，文彬彬演的，笑得我像十三点一样，一想起就笑,一想起就笑,到现在还记得三毛师傅教他帮人家刮胡子:"不慌不忙,上前一刀!"

梅教授的这类文章很适合用上海话读,也适合用上海口音的普通话读。读着读着就要笑出声来。我是上海本地人,用上海话读给朋友们听过,他们说很有意思——人物形象更鲜明了,叙述也更有味道。前段时间听说在亲近母语的活动中主办方真的组织了一些教师朗读《绿光芒》中的作品,如果我在,一定会主动要求参演。

有意思的是这种语言节奏用在另一种内容上时,会形成完全不同的效果。比如作者写到姑父在"文革"中自杀时,有这样几句话:

我在小姑父的墓前坐了很久。山下是镜湖。镜湖的旁边有一个很大的石头笔筒,里面插着石笔,镜湖像个大砚台,小姑夫跳在砚台里。

作者那时应该是思绪万端,而读者跟着作者的笔端兜兜转转,慢慢进入文字的背后,接着浮想联翩——生命、家庭、个人与国家的命运……

梅教授的文学语言风格是多样的,这让读者有了多元的阅读体验。书中有散文诗般的句子:

我坐在了我外婆的身边。这是在浩浩的长江边上。遍野的菜花金黄地散发着暖和,散发着乡下诗意,让我不需要有伤感。我只想快活地对外婆说:"外婆,你这儿真好啊!"那暖和来自天上的照耀,诗意也是那么简单地从地上全黄地长出,怒放得意气风发。我的不认识字的外婆,就这么心满意足地躺在了诗的照耀里。

为儿童写作的作家是有赤子之心的,所以人生经历中的酸甜苦辣常会被敷上诗情敷上暖意,还有童话式的意象。我的朋友永通兄说,梅教授的文学性人生与现实性人生融合得几近完美。他的文字散发着热爱生命的温度,由近及远,温暖这个世界。

二

一个在1949—1978年的中国生活过的有良知的中国作家,是不会回避那段岁月的。《绿光芒》中有一篇《扑通》。写的是16岁的梅子涵怕别人来抄家的故事。为了避免意外,作者决定自己先把自己的家抄一回。一抄就抄出一大堆"坏书"。面对一大堆"坏书",作者一次次地问妈妈:

"怎么办呢,这些书?"
妈妈没有说怎么办。
我想烧掉。可是到哪儿烧呢?如果被发现,会当反革命的。
如果晚上偷偷丢进垃圾桶,一把被抓住,还是反革命。
我想过撕,一张一张撕,然后丢进马桶里冲了,但是那么多书,怎么撕,怎么冲,在粪便池里不是还是会被发现吗?

是怎样严苛的政治环境让一个16岁的少年惶惶不可终日到这样的地步。16岁不应该是无忧无虑的花季年华吗？可是没有花，没有美。冯骥才先生曾细致地描述过自己如何将手稿藏在自行车架子里，最后又极度不安地取出销毁的过程。我父亲曾提醒我，看过的书信如果不要了，要用火烧掉。那时，已经是上世纪80年代了。《扑通》的最后，伯伯将祖父留给他的《红楼梦》转送给"我"。因为祖父留给父亲的《红楼梦》被"我"主动交给造反派了。这是一个耐人寻味的结尾。我读到这里，情不自禁地想是什么让伯伯有勇气留下了这套《红楼梦》？是什么让妈妈面对乱世保持着哪怕只是脸上的平静？

　　汪曾祺先生说文学应该有益于世道人心。《绿光芒》做到了。在那个共进晚餐的漂亮花园里，花开得灿烂，草绿得耀眼，我见到梅教授在一本精美的笔记本上专注地书写，我听到朋友们讲述发生在梅教授身上的优雅轶事。在人情日渐粗陋，语言日益粗鄙的时代，我们读到了《样子》。梅教授年轻时在奉贤当知青，回家探亲时会在中百公司对面的一个饭店吃饭。有一次他在饭店里遇到了一个戴贝雷帽的男人。

　　他吃饭时依旧戴着帽子，那时他点的清炖小白蹄刚刚端上来。他在小碟子里倒了一点酱油，就舒展双臂吃起来。他有四十多岁了吧？目光安定，可是神情里有很多的兴致。

　　这个情景给作者留下太深的印象。他继续写道：

这应当是我长大以后第一次看着一个人很有热望,可是斯斯文文地把一只清炖小白蹄吃得干干净净。尤其是他一丝不苟地夹着一小块蹄髈皮蘸一蘸酱油放进嘴里,往下一咽,太让人着迷!他没有点别的菜,在那个不大的圆桌上,那餐午饭,他只吃了一碗饭,一只清炖小白蹄,但是他把"妙不可言"留在了对面桌上的两只眼睛里。

读到这里,我不仅知道了梅教授的优雅其来有自,而且还知道,斯文,只要人的身上有受过教育后留下的斯文,人在面对磨难时就能坚强,面对暴行时就能投去蔑视。即便是斯文遭受侮辱时,也能秉持悲悯之心视之,坚守文明的价值观以战胜野蛮。

梅教授的笔下不仅有文雅的知识分子,亦有保安、小摊贩、快递员、清洁工等底层民众。他们勤劳、善良、质朴。见到小区里的清扫工不被尊重,梅教授主动为他们鼓与呼:

真正平等的事是没有的,但是稍微合理,比较合理,尽量合理,是可以做到的。一个扫落叶的人,不是落叶;一个清除垃圾的人,应该被尊敬。但尊敬不是只写一首诗献给他,只在电视节目的舞台上深情朗诵,而是也要给他们恰当的薪水,蓝领黑领,都必须有领子,今天的事实是,许多的"无领"人,他们每天干的事倒的确是在添砖加瓦,气喘吁吁,而白领金领里面,偷梁换柱的不少,干脆把墙角挖了带回家的也不少。我说的这话我负责,请你别和我辩论!

叫我们相信童话的充满诗意的梅教授不见了,写戴小桥故事的幽默的梅教授不见了。我们看到了面对不公横眉怒目拍案而起的梅教授。世道人心要变好，途径不少，但知识分子的直面社会，仗义执言，不负良心，启发民智，传递美好是很重要的一条。

三

读完《绿光芒》是在一个阳光灿烂的午后。我忽然想起在师范学校念书时经历过的一个场景：那也是一个阳光灿烂的午后，一位温文尔雅的中年男子——我们的老师，为我们几个学小提琴的学生示范演奏。他拉的是萨拉萨蒂的《流浪者之歌》。修长的手指在琴弦上轻柔而敏捷地移动翻飞，弓与弦摩擦时一股淡淡的松香烟雾慢慢飘起。正当我们听得入迷，琴声戛然而止。老师放下提琴，从裤子口袋里掏出一块叠得方方正正的手帕，擦一擦手指，微笑着看我们。阳光射进屋里，把桌上的小提琴照得亮闪闪的。动人的乐曲声好像仍然萦绕在我们周围。

2016 年 7 月 26 日

读《课堂上究竟发生了什么》

认识吴非老师已经十多年,他在南京,我在上海,所以见面只有数次。每次与吴非老师聊天,总有如沐春风之感。较之十多年前,吴非老师的容貌自然苍老了些,但他说话依旧铿锵有力,精气神十足。今年他又有新书面市,名曰《课堂上究竟发生了什么》,我翻看一遍,都是朴素扎实的随笔,赶紧推荐给同事。

全书一共五辑,一辑一个主题,我梳理一下,分别是课堂教学的作用、课堂上的师生行为、课堂上应该怎么做、课堂教学中的常识问题、有问题的课堂教学。由此可见,每一辑中有内在逻辑存焉。

平时读写教育教学随笔很不少了,吴非老师这本随笔集在以下两方面给我启发良多:

首先,教师,特别是语文教师,应该做一个有心人。要关注自己的课堂教学,关注教学过程中的学生。时代在变,学生自然也要跟着变。这变化是全方位的,从学习方式、学习内容、心理品质、人际交往方式等,都在变化。由于我们所处时代的特殊性,有些变化甚至是"异变"。面对这些变化,教师第一步要做的是静静观察,掌握大量一手资料,充分了解当下的学生的诸多特点。第二步,要更新自己的知识结构,更新判断事物的理念。

有了这些做基础，才能更好地改进课堂教学。吴非老师在书中讲到一件小事，他要上阿西莫夫的《年华永驻》，但文章里有不少物理学概念，他不了解。于是他便邀请两名物理学得好的学生代上。结果教学效果非常好。之后，每讲到这篇文章，吴非老师都请学生来代讲。这不是一种观念的更新吗？这不就是一种极好的课堂教学变革吗？

其次，作为教师应该极端重视自己每一次的教学实践。不断实践，不断改进，才能形成自己的教学观点。有了自己的观点，就有了主心骨，能自信，不会跟风盲从。当下基础教育界，各种口号漫天飞，各种实验经验令人眼花缭乱。从前几年的翻转课堂，到现在的全课程改革，层出不穷。至于具体学科方面的新说法、新花样，更是不胜枚举。吴非老师在书中有好几篇文章都谈到类似问题。他写道："然而，我还是为到处拜师学招的老师担心，这个'式'与那个'法'，听了那么多，学了那么多，老师们会不会莫衷一是，邯郸学步，连课都不会上了？有老师坦言：认真学了两年，以为脱胎换骨，能够'归宗'。哪知宗师又扬起一面新旗子，创出新品牌了。朝生暮死，暮死朝生，让人眼花缭乱。"读了这段话，我哑然失笑。教师的自信从哪里来？除了教学实践，不断总结，还有就是要深入了解自己所教学科的本质和学生学习该学科的规律。

课堂上发生的事情很简单，课堂上发生的事情也很复杂，就看你如何观察、如何处理。

2016 年 1 月 5 日

读《陶行知教育名篇》

我每周一的语文课被安排在上午第一节。刚拿到课表时,我还挺高兴,一周的第一节课,学生的学习状态应该是最好的吧。可是,经历了几次周一后,我高兴不起来了。因为每周一的第一节课,学生的状态都不好,看上去很疲倦。某次,我终于忍不住问:"双休日没休息好?怎么看上去都是萎靡不振的样子?"

"在补课……"

"我一天要补六节课……"

小朋友们七嘴八舌地说着。

这些孩子才念三年级。为了让孩子将来考进一所好中学,家长只能这样做。家长当然知道孩子辛苦——"可是不补课怎么行?别人都在补习,学得更多,学得更难,你不补,就考不过别人。"

如果用同情之理解去想这个问题,倒也可以想得通——初中有中考压力,需要招收一点好生源。如何才能甄别出好生源呢?目前只有用普通小学生没学过的,用小学里不教的知识来选拔。在家长眼中,对中考成绩有追求的学校当然是好学校,孩子进了这样的学校才能用功念书。念好了书,将来才能更好地应对高考。于是,从小学到中学,以"考"为本,好像是自然不过的了。

关于考试,陶行知先生在《杀人的会考与创造的考成》中写道:

> 学生是学会考,教员是教人会考,学校是变成了会考筹备处。会考所要的必须教,会考所不要的就不必教,甚至于必不教。于是唱歌不教了,图画不教了,体操不教了,家事不教了,农艺不教了,工艺不教了,科学的实验不做了,所谓课内课外的活动都不教了。所教的只是书,只是考的书,只是《会考指南》!教育等于读书;读书等于赶考。

几十年前,陶先生用"杀人"两字形容考试,可以想象他对这种异化的教育是多么痛恨。可是这种景象,现在依然普遍存在。为了应付考试,三年的教学内容用两年教完,最后一年反复刷题。这种不正常的做法,在很多人的眼中竟是天经地义的。后人还聪明地发明了各种监控成绩的方法,比如,在一些中学里,每当期中、期末考试结束后,每个学生就会收到一张"工资单"。上面不仅有考生的单科成绩和总分,还有班级平均分、年级平均分、考生在班级中的排名和年级中的排名。有的老师做得更到位,会将每个学生的每一次成绩绘制成一张趋势图,起起落落涨涨跌跌,一目了然。借用陶先生的话,这"自然不过"的景象将"把中华民族的前途赶跑"。

问题就在眼前,两手一摊,抱怨几声绝不是解决之道。从大处说,政府能不能加大财政投入,多建些学校,提高教师工资,多吸引一些优秀人才来做教师?如果这些都做不到,那么从小处说，有关部门能不能认真研究教育教学评价方式，别把中考、高考成绩当作评价学校和教师工作的核心标准？能否给予地方、学校一些办学管理的自主权，给予他们一些时间空间，给予他们必要的帮助和支持，让大家积极探索，找到一些新路？如果这些也都做不到，那么从更小处说，能不能杜绝小升初的选拔考试，真正实现就近入学？指导学校按照课程标准和学生学习规律，正常教学。再退一步，即便要进行小升初的选拔考试，能不能动下脑筋，换换方式，别再用奥数之类的难题来折磨大部分学生？

考试当然是教学中不能缺少的环节，可学校教育不能只做考试一件事。陶先生说他反对"过分的考试制度的存在"。那么好学校应该做些什么呢？1939年，陶行知先生开办了一所收容难童的学校——育才学校。他确定了23种学生必须具备的能力，其中初级能力有16种——

会当书记：包括写小楷，管卷宗，写社交信，做会议记录等。在国语课和社交活动及集体活动中学习。

会说国语：包括会话，讲解，演说等。在国语课、演说会、讨论会、早会、晚会、一切集会与人接谈时，随时留心细听，学习善国语的先生同学的发音、语调。如需要时，可请善国语者进行集体指导，或个别指导。

会参加开会：包括发言，提议，选举，做主席等。在公民课或社会课及一切集会中学习。

会应对进退：包括招待宾客——谈话，引导参观，招待茶饭，——送信接洽事情等。在平时须留心学校情形，熟悉学校行政组织大概，当会宾客时，才能应对合度，彬彬有礼。在任招待前有准备，在别人应对进退时可以观摩，在自己实践时，必须在谨慎其事中学习。

会做小先生：包括帮助工友、同学以及学校附近农友等。在"文化为公"，"知识为公"，"即知即传"的号召下，自动的以一技一艺之长去帮助人长进中学习。

会管账目：包括个人账目、集体账目，会记账，会报账，会管现金出纳等。抱着有账即记，公私分明的原则，在记载个人日用账目及集体账目中学习。

会管图书：包括编目，晒书，修补，陈列，借书等。在每个人自己桌屉中的图书，必须日常整理，不得散乱。在各小组的图书架上，在图书库里观摩和工作中学习。

会查字典：包括中文字典和外文字典等。在小学四年级以上，在国语课、外语课，课前准备工作中学习。

会烧饭菜：包括小锅饭、小锅面、小锅菜十味以上。并会做泡菜、咸菜、糖果、果子酱、腊肉等。在聚餐、野餐、助厨时学习。

会洗补衣服：包括洗衣补衣等。在十二岁以上，必须学会洗补衣服、晒晾、折浆。规定每星期洗衣一次。衣服破了即须缝补，会者教不会者；不会者必须跟会者学。

会种园：包括种菜，种花，种树等。规定小学生每人至少种菜半分；中学生至少种一分。在生产活动中学习。

会布置：包括装饰，陈列，粉刷，洒扫等。在美术课、手工课，参加布置生活室、会客室、课室、寝室、会场中学习。

会修理：包括简单木工、竹工、泥水工、油漆工工具等。在修理中学习。

会游泳：包括仰游俯游等。在夏令必须参加游泳学习，在平时可定期去温泉学习。

会急救：包括医治小毛病，救溺，救触电，救中煤毒等。请卫生室及校外医工指导，在分配卫生工作及旅行、急救中学习。

会唱歌：包括独唱，合唱等。在唱歌课、参加合唱团中学习。

每种能力具体是什么，如何训练，都言简意赅地写出来了。这不就是学校的课程吗？学生学习了这样的课程，走出校门，便能自立。事实也确实如此，当年育才学校培养出了许多人才。反观现在的课程设置，学生初中毕业后，能掌握上述能力吗？恐怕不行，可再仔细看看，除了种菜、补衣服、修理，其他哪一种能力不是当前所必需的呢？

一个人在生活中需要的基本能力，就是学校里要教的内容，接受了这样的教育，人才能有人的模样。这样的能力应该如何传授呢？

陶行知先生讲过一个有意思的故事：

有一回，我买了一只表送我的母亲，这表忽然坏了，便送到修钟表匠那里去修理。修表的人说："要一元六角修费。"我说："可以，不过我有一个条件，在拆开的时候，我要带领我的小孩子来看你拆。"他于是答应了。修钟表匠约定在明天下午一时。到了那个时候，我带领了四五个人同去，看他修理，看他装。完结的时候，我向修钟表匠说，你们的工具和药水是到什么地方去买的？他以为我们也去开什么修理钟表店，未免抢了他的生意经，所以秘而不宣，随随便便回答我们说是外国来的。我想物件当然是外国来，但是中国店家，当然也有卖处。上海的钟表店，最大的有"亨达利"。我且到亨达利去问声，究竟有否出卖。谁知亨达利的楼上，多是卖修钟表器械和药水的场所，我便买了几样回来。当晚就到小押当里面去买到了一只表，花钱七角。拿回动手开拆，拆时不费多久，一下便拆开了，但是装可装不上去。直到晚上十二点钟，方才成功。于是大家欢天喜地，不亦乐乎。第二、第三天，大家学着做修表拆表的工作，学不多时，好而且快。有一位董先生，他是擅长绘画的，于是叫他拆一部画一部，经此一番工作，而装钟拆钟，全部告成。

这就是教学做合一。

陶行知先生在《教学做合一》中写道：

教学做是一件事，不是三件事。我们要在做上教，在做上学。在做上教的是先生；在做上学的是学生。从先生对学生的关系说：做便是教；从学生对先生的关系说：做便是学。先生拿做来教，乃是真教；学生拿做来学，方是实学。不在做上用功夫，教固不成为教，学也不成为学。

没有玄虚的概念，把要做什么，怎么做讲得清清楚楚。这是真教育。教师站在学生的立场上，做给学生看。学生学着做，在做中学。这是基本的常识。读这样的文章，真惭愧。作为一线教师，我真教了吗？学生实学了吗？如果做得还不好，该怎样改进呢？我想，还是得用陶先生的法子：解放小孩子的头脑，让其学会独立思考。解放小孩子的双手，让其有足够的机会自主动手实践。解放小孩子的嘴，让其自由地表达想法。解放小孩子的空间，让其接触自然接触社会，增长见识。解放小孩子的时间，不要把他们的日程安排得太紧。时代走得太急，但基础教育不能急功近利。

今年是陶行知先生去世70周年，重新打开《陶行知教育名篇》，读着那些朴实的大白话，近一百年前的文字，非但不过时，还有现实意义。比如《中国乡村教育之根本改造》中的一段：

> 中国乡村教育走错了路！它教人离开乡下向城里跑，它教人吃饭不种稻，穿衣不种棉，做房子不造林；它教人羡慕奢华，看不起务农；它教人分利不生利；它教农夫子弟变成书呆子……

读到这里，我一下子就想起前段时间读到的关于留守儿童的新闻报道。如果陶先生还在，面对九百多万留守儿童的教育问题，他能想出解决方法吗？

2016年11月8日

"咻"的一声后面呢……

动物园里的动物要量身高了,这有什么稀奇?在纪录片里,人们不仅给动物们量身高测体重,还会做各种检查,甚至在动物的身上装上跟踪器呢。不过,在图画书《动物量身高》里,给动物量身高变成了一件极有趣的事情。

小兔子第一个量,大猩猩医生慢慢将标尺拉下,快要碰到小兔子脑袋时,只听"咻"的一声,小兔子一下子竖起了耳朵——真是太有喜感了——但没有用,大猩猩还是把标尺放在了小兔子的头顶上——耍赖可不行啊。

第二个是袋鼠,它站在标尺下,一个劲儿地向上跳,也是想让自己变得高一点吧。标尺被撞到老高老高的地方,这身高真是没法量了。

排在第三个的是长颈鹿,它根本不用跳,它的身高早就超过标尺的测量范围。好在大猩猩医生有办法,它找来长颈鹿专用的身高计,总算费力地完成了测量。

量个身高,竟然有诸多意想不到。接下来量身高的有鳄鱼、蝙蝠、无尾熊和大白熊,它们又会发生什么状况呢?它们能顺利完成身高测量吗?每一次翻页,读者就会情不自禁地对下一页的内容充满期待,充满猜想。这正是阅读这本图画书最大的乐趣。

书后介绍说，作者庆太郎为了创作此书，真的去动物园给动物量了身高。还介绍说，作者"一开始在夜晚的街头念图画书故事给大人听，渐渐成为一位说书人"。要知道，站在街头讲故事，并且要吸引住步履匆匆的行人是多么难的事。没有悬念，没有紧凑的讲述节奏根本不成。难怪普普通通的动物量身高，会被作者写得如此吸引人。

量身高自然要有身高计，构成直角的身高计很容易使画面呆板。于是，绘画作者将许多页面设计成跨页形式，以便容纳更多的动物形象，并使其产生关联，让画面生动起来。比如，当轮到长颈鹿量身高时，画面上没有画长颈鹿的脑袋，但大猩猩医生和小女孩记录员抬头仰望，排在长颈鹿后面的鳄鱼露出一小半脸，以暗示长颈鹿之高。翻过一页，大猩猩和小女孩去找专用身高计，长颈鹿的脑袋画出来了，长颈鹿用纳闷的眼神看着大猩猩的背影。而此时，鳄鱼则露出了半个身子。静止的画面，一下子变成运动的镜头，让阅读过程充满动感。最妙的是接下来的一页，绘画作者将横向跨页改成纵向跨页，当小读者将书竖起来拿时，嘴里恐怕是会忍不住发出长长的"哦——"吧。画面上，高高的长颈鹿与小女孩、大猩猩和露出嘴的鳄鱼形成鲜明对比，而且错落有致，别有意趣。

这是一本非常适合低年级或者学龄前孩子阅读的图画书。阅读时，老师或者家长最好能用略带夸张的语调，像说书人一样为孩子讲述。讲完前三个量身高的动物，后面的内容则可以请小朋友边听边猜。讲述故事的同时，还要引导孩子领略画面的特殊趣味。讲述结束后可以让小朋友选择喜欢的部分为大家讲述或表演。这本书不宜用阅读单的形式做阅读反馈，用音频、视频、照片就好。

  说书人最善于吊人胃口。我小时候听袁阔成、单田芳、刘兰芳他们讲评书，一天只讲半小时，听到紧要时刻，必定来一句"要知后事如何，且听下回分解"，然后便是 24 小时的漫长等待。庆太郎也吊胃口：忙碌许久的大猩猩向量身高的动物们道了辛苦，作了别，正要去休息，一个转身，却发现调皮的无尾熊居然还在身高计上睡大觉。后事会如何呢？找庆太郎太麻烦，且听孩子们分解吧。

2018 年 9 月 24 日

读《我的野生动物朋友》

出门前，布丁要我陪它玩一会儿。它飞也似的跳上猫爬架，直立着身子，三只脚抱着猫爬架的柱子，一只前脚挥动着。我伸出手，在它的面前也挥动着。说时迟那时快，布丁的爪子像一道闪电划过。一阵钻心的疼痛袭来，低头一看，手指上一条长长的口子，血一下子滋了出来。

布丁是只流浪猫，我从小区里把它捡回家时，它出生才一个月。现在已经三岁了。三年来，布丁一直生活在家里，从来不出门。它把我当作玩伴。我陪它玩别的游戏时，它不会露出爪子。唯有玩猫爬架游戏，会唤醒它的野性，露出尖利的爪子。

在沪教版小学语文教材中有一篇课文叫《我的野生动物朋友》，全文分成三个小故事：《阿布，我的大象哥哥》《同小狒狒难舍难分》《豹子很危险，但我照样跟它玩》。通过学习，学生们既感受到作者与野生动物关系密切，也会说"和动物还是要保持距离"。因为课文里提到狒狒会拉扯作者的头发，豹子会咬作者的肩膀，利爪尖牙，太危险了。

布丁也是动物，即便从小在我家长大，野性还在，所以我受伤不能怪它，是我疏忽了。

《我的野生动物朋友》一文选自于同名书，作者是一个法国小姑娘，蒂皮·德格雷。蒂皮从小跟随父母生活在非洲，整天与野生动物形影不离。十岁时回到法国，写下这本书，记录自己在非洲与野生动物相处的奇特经历。书中还配有蒂皮父母拍摄的大量精彩照片。这本书于2002年出了中文版，今年推出了由著名翻译家袁筱一翻译的全新完整版。打开新版，正好翻到《和狒狒辛迪闹别扭了……》。第一句话就是"爸爸妈妈说，我们和狒狒从来就不可能很亲密"。翻到下一页，是一张跨栏照片，蒂皮站在河边，一只狒狒正对着她龇牙咧嘴。旁边一页上有三张小照片，拍的正是狒狒跳起来撕扯蒂皮头发的情景。蒂皮这样写道：

  我的头发被扯掉了很多，我大哭了一场。从那天起，我开始讨厌辛迪，尽管我也知道，这不是她的错。
  和动物交朋友与跟人交朋友可不一样。动物都是有敌人的，这是大自然的规则。

  尽管蒂皮和她的爸爸妈妈都知道野生动物有一定的危险性，但是他们依然喜爱着它们。蒂皮的父母是野生动物摄影师，从他们的镜头里能真切地感受到这种喜爱之情——鸵鸟仿佛是蒂皮的坐骑，它注视前方，好像准备带着小蒂皮去远方探险。小蒂皮还没有大象的半条腿高，大象看上去是那么巨大，蒂皮看上去是那么弱小。大象好似蒂皮的侍从，温顺有礼地跟随着蒂皮在非洲大草原上漫步。小猎豹就像小蒂皮的卫士，他们的眼睛都那么亮，专注地看着同一个方向。这些照片非常清晰地诠释了书名。
  蒂皮的爸爸还为蒂皮拍摄了一些大幅风景照，有一张给我留下很深的印象：小蒂皮站在一根枯树桩上，近处有几蓬绿色的野草，远处是连绵起伏的沙丘。我猜，摄影师是为了让读者感受人类在大自然中的渺小吧。是为了让读者明白，人类和动物一样，都是自然之子，因此人类与动物需要共存吧。

我没有把旧版找出来与新版做比较。作为小学语文老师，我对这本书很熟悉，因为每隔一两年就会在课堂上与孩子们一起阅读，听孩子们讲述看照片读文字后的心得，分享他们与小动物之间的趣事，感受他们温暖柔软的心灵。不过，打开新版，我又觉得有些陌生——是因为版式变化，是因为内容更丰富了，还是因为布丁的到来让我对人与动物的话题有了更多的感想？

不去想了，从书里抄一段一读就想笑的故事吧：

有一天，鸵鸟被一条鳄鱼咬住了脑袋，鳄鱼想要把她拖到水里，可是鸵鸟的力气很大，她拼命地往回拉，想要摆脱鳄鱼，鸵鸟的脖子越拉越长，越拉越长。最后，鳄鱼也累了，就把鸵鸟给放了。

鳄鱼累了，就把鸵鸟放了。动物世界就是这样简单。人类大概只有简单而柔软地活着，才能真正和野生动物交上朋友吧。

看到我背起包往外走，布丁照例到家门口送我。我摸摸手指上的胶带，一回头，布丁还在门口。布丁的眼睛那么圆那么亮，它专注地看着我，身体向外探着，越拉越长。

2019 年 6 月 4 日

希腊神话的读法
——《希腊神话故事》导读

在远古时代,希腊人对各种自然现象,对人的生老病死,都感到神秘和难解。于是他们不断地幻想,不断地思索,试图解释他们不理解的现象。在他们的幻想中,宇宙万物都拥有生命,各种神灵驻守一方。他们崇拜英雄豪杰,因而产生了许多人神交织的民族英雄故事。这些由众人创造的人、神、物的故事,经过时间的磨砺,形成了欧洲最早的文学形式——希腊神话。神话故事最初都是口耳相传,据说直至公元前7世纪才由大诗人荷马整理记录于《荷马史诗》中。在赫西俄德的《神谱》及古希腊的诗歌、戏剧、历史、哲学等著作中也有不少记载。后来,人们将它们整理成现在的希腊神话故事,并分为神的故事和英雄传说两部分。

有一种观点说,神话故事虽然都是超自然超现实的,但大都是先民的历史的折射。我很同意这种说法。比如诺亚方舟的故事,可能源于在久远的古代发生洪灾,先民们修建一艘大船逃生的事件。在口耳相传的过程中,先民们将其神话了。所以,我读希腊神话时,我眼中的各路神灵不仅仅是无所不能的诸神,他们往往也具备了人的特性。比如珀耳修斯的故事不就是一部个人成长奋斗史吗?珀耳修斯出生不久就与母亲一起被抛弃在大海上。

长大成人后,历经艰辛,斩杀女妖,营救出自己心爱的女子,最后将一方土地治理得非常好。整个故事情节曲折引人,描写细腻生动,主人公珀耳修斯勇敢、坚毅的形象跃然纸上,给读者以启迪。小学生阅读这样的故事,在品格、性情的养成方面都能受益。而且希腊神话故事极富想象力,小学生又正处在想象力勃发的时期,因此,阅读希腊神话故事对培养小学生想象力也大有裨益。

希腊神话不仅故事情节动人,其语言风格也很有特色,简洁明了,富有张力。比如下面这段:

黎明降临的时候,除了原来那同样令人生厌的蛮荒沙地,他看不到任何东西。北边升起的沙暴打在他身上,血红的沙柱和沙环遮挡住正午的太阳。珀耳修斯想逃走,害怕让灼热的尘埃哽住喉咙。暴风终于平静下来,他试着再一次朝北走,可是那沙暴又一次袭了过来,把他卷到那片荒野当中。接着,像以前那样,一切又归于平静,天空又变得万里无云。

这样的段落很适合轻声诵读。读着读着,你可以感受到短句子明快的节奏感。与此同时,蛮荒沙地的景象仿佛就出现在眼前。小学生正处在积累语言的阶段,诵读、理解、记忆这样的句段,能有效地提高语言能力。

小学生阅读完希腊神话故事,教师可以设计一些拓展活动,让孩子们能用自己喜欢的方式分享自己的阅读体会。比如让小学生画一画某个故事情节,画一个自己喜欢的人物。画完之后,在班级里组织一次画展。再如,教师可以选取故事中的某个片段,改写成剧本，组织学生表演。此外，还可以请小学生查找关于希腊的资料，做成PPT，分享给全班同学。总之，阅读分享活动的形式尽可能多样，以便让更多的孩子参与其中。

当然，小学生阅读希腊神话可能也会遇到一些困难，比如故事中人物名字比较复杂，容易混淆，一些地名很陌生，对于庞大复杂的诸神系统更是理不出头绪。面对这些困难，有三种应对方法。

第一种，一边阅读故事一边编制人物关系图，同时还可以通过查书上网了解更多的人物信息。人物关系图是阅读希腊神话重要的辅助手段，弄清了人物关系，不仅有助于记住人名，还能更好地理解故事内容。

第二种，有些希腊神话被改编拍摄成电影，在阅读遇到困难时，寻找相关的影片观看一下，可以帮助孩子建立直观的感性认识。

第三种，对不理解的地方直接跳过，浏览大概内容就好。小学生读课外书重在培养良好的阅读习惯，激发阅读兴趣，重在扩展阅读面，为终身读书打好基础。至于从书中获得了多少知识，那是次要的。如果小学生对一本书有了兴趣，就算有些地方读不懂，他们也会自己想办法解决。反之，花了大力气，效果不佳，甚至产生副作用。每个孩子的思维特征不同，爱好不同，让每个孩子从同一本书里获得相同的东西是不现实的。老师或者家长硬逼着孩子非要从书里得到点收获，更是不可取。

以上三种方法，仅供小读者们及家长、老师参考。

一本书，你只要去打开，就会有收获。这本《希腊神话故事》也是如此。

2019年5月14日

讲个故事给你听
——《中国民间故事》导读

小时候,每当躺在床上不想睡觉时,妈妈就会对我说,我来给你讲个故事吧。听着听着,就睡着了。我最喜欢听的是各种神神怪怪的故事,一边听一边情不自禁地想象那些神仙妖怪长什么样子。上学后,认了字,我最早看的几种书是《中国动物故事》《365夜故事》《阿凡提的故事》。我尤其喜欢看《365夜故事》,心里计划着,每天看一篇,看一年正好看完。可是一旦打开书,就停不下来。有一次在书中读到一个关于老鼠的故事。于是晚上钻在被窝里时,我就想象自己是只老鼠,把我的窝分成几个区域:饮食区、休息区、粮仓区、逃生通道等,越想越带劲。《365夜故事》是上下两册,我几个月就读完了。等到成年,我才知道,小时候看的这些故事,有一个专门的名称,叫民间故事。后来,我有了自己的孩子,我也给他讲睡前故事,讲得最多的就是民间故事。民间故事就是这样口耳相传,一代一代往下传。因为口耳相传的传播特点,所以民间故事的语言风格很口语化,没有太多的修辞,直接明了。比如《长发妹》中的一段描写:

黄毛怪瞪着一双血红的眼睛,露出两排尖尖的牙齿,对长发妹说:"你还记得我的话吗?"

"怎么不记得。但为了大家有水喝,为了地里庄稼绿油油,山上树木郁郁葱葱,我不怕死。"

黄毛怪听了这些话,火更大了:"我要让你躺到石壁下去,让清泉一刻不停地冲你一千年、一万年。"

长发妹说:"我愿意受罪。不过我想回家去见阿妈一面。"

黄毛怪说:"可以。你回去见了阿妈的面,就躺到石壁下面去。要不,我就把村子里的人统统杀死。"说完吹了一口气,一阵大风把长发妹吹到山脚下。

在这段对话描写中,几乎每句话的语言提示语都是某某人说,读这样的段落,我们最好是大声朗读出来,一边朗读,一边想象故事中的情景,为阅读过程增加趣味。如果有条件,还可以与同学们将故事排演成小话剧,那就更有意思了。

民间故事大都寄托着人们对美好生活的向往,表达了人们素朴的是非观念,所以小学生读民间故事,在了解故事情节的同时还能自然而然地得到世界观、价值观的熏陶。我最早知道周处除三害的故事,是因为看了连环画。后来教小朋友读文言文时,找出了这个故事的原文。其中写周处上山捕杀猛虎,下水刺杀蛟龙的内容写得非常精彩。抄一段在下面:

……处即刺杀虎,又入水击蛟。蛟或浮或没,行数十里,处与之俱。经三日三夜,乡里皆谓已死,更相庆。竟杀蛟而出,闻里人相庆,始知为人情所患,有自改意。

我让小朋友们大声朗读上述段落,读完后,请小朋友们讨论，周处回到乡里时的感受。当时大家说得非常好。一个小朋友说，周处那样勇猛，为民除害，可是当他兴冲冲回到乡里，打算把好消息说给乡亲们听时，却发现乡亲们居然因为误以为周处也死了，而在庆贺。这对他的打击太大了。在这样的情况下，周处一定会反思，然后改正原来的错误。我想，当小朋友说出这样的感受时，他也一定明白了知错就改，善莫大焉的道理。

民间故事中有很多是以动物为主角，或者与动物相关的。这些故事中的主人公往往具有超能力，故事情节也神奇引人。这些神奇的故事在凡人身上无法出现，但我们这些凡人通过阅读这些故事，展开丰富的想象，获得奇妙的体验。比如我们非常熟悉的《猎人海力布》，读这个故事，很自然就读出了一个为百姓着想、甘愿牺牲自己的海力布。但同时，我又一直在替海力布想，用什么方法可以既不说出秘密，又让乡亲们安全转移。前几年，我的一个朋友编了一本书，也收了这个故事。他告诉我，他读《猎人海力布》时，想到的是人应该怎样遵守契约，就是说话算话。读一个故事，不一样的读者能读出不同的收获。民间故事因为有着离奇的情节，更能让读者获得个性化的感悟。如果互相分享这些独特的收获，那么就能得到更多乐趣。

小读者们，打开这本书，读几个故事，然后在睡前给家长讲一讲。讲之前，记得先说一句"我要讲个故事给你听"，然后绘声绘色地讲起来吧。

2019 年 8 月 25 日

下编 聪明之交

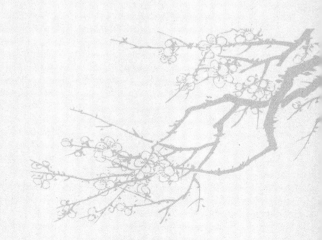

怀想春风

一

商友敬先生不是我一般意义上的老师。因为我从没进过他的课堂,听过他的课。可商先生又是我最重要的老师。他的书房就是我的课堂。

1993年,因为好友的介绍,我认识了商先生。那时,商先生住在一幢老式公房的底楼。房子很小,采光不好。商先生用一个过道间当书房,我们就坐在书柜上,喝着先生泡的茶,在昏黄的灯光下聊天。我还看见书架上有一套《海上述林》。那是鲁迅先生生前编辑的最后一种书,以前只是听说,那天见到实物了。中午,商先生请我们到近旁的小饭馆吃饭。老板见了,笑着说,商老师又请学生吃饭啊。

不多久,商先生搬家。我和几个同学去帮忙搬书。新居有两间房,一间便做了书房。书搬完,老师送给我们每人一本书。我得到的是《知堂小品》。书前面有舒芜先生的序。序言写得很好,老师在旁边用红笔画了很多圈。在一句希腊古格言"知道你自己"的下面,老师还画了曲线。现在我仍经常翻看这篇序言,特别是有圈点的地方。比如:"周作人散文和读者的关系,大部分都是朋友之间的漫谈……读者感受到的是平等的亲切……""周作人散文……看似一挥而就……其实有无限的意匠经营。""在周作人的散文中,悬串着两个特色,一是始终追求'人文的全体'……另一个特色是极度珍重思想的自由,判断的自主。"这些圈点对我以后读周作人的作品产生很大的影响。这样的圈点让我逐渐明白如何读书、如何思考、如何写文章。

商先生后来又搬了一次家,书房更大了。可我还总怀念老师原来的那间书房。它朝南,出太阳的时候,房间里满是阳光。阳光里,老师坐在摇椅上,取过一本自己刚出的新书,在扉页上写上"朱煜仁棣留念",然后笑眯眯地递给我。这样的情景实在叫人难忘。

那时,我当教师不久,对于如何教语文一片迷茫。好像是一个冬日,商先生打开一本王尚文先生的《语文教育学导论》。书上照例有很多圈点。他指着书读起来:

"工具说"的致命失误在于它割断了语言和人之间的先天脐带,把"人"赶出了语言教育的课堂。由于得不到作为人的生命活动、精神活动的滋养,语言于是成了僵死的如同锯子、刨子、凿子一样的工具,不管教师再怎么努力教,学生再怎么认真学,语言这一工具始终是一种"异己"的对象而难于掌握。

这段话对于当时的我可以称得上是振聋发聩。从此,我成了王先生的忠实读者,并把书里的观点用在自己的实践中。商先生还说起自己刚走上讲台时也不会教书,去请教谭惟翰先生。谭先生说,好的语文课应该将作者的行文思路,教师教学的思路,学生学习的思路融合成一条思路。这话过去似懂非懂,更不能实践。现在懂了,也在教学中努力落实,且深感幸运——能在初上讲台时就有前辈为自己指了一条正道。

在书房里,商先生总是兴致勃勃地讲趣闻掌故,谈教育、谈读书、谈世情。一边说一边从书架上找出相关的书来,很快翻到某一页,读上一小段。读到会心处,必定哈哈哈地笑着说:"好极了!太好了!"看着老师的笑容根本想不到他曾饱经磨难。我常被这笑声感染,因为在笑声的背后有一颗赤子之心。

没有商先生,我就不是现在的我。老师在思想、专业、生活、读书诸方面时时给我启蒙、点拨和帮助。老师去世后,我经常沉浸在哀伤的回忆中,回忆与老师交往的点点滴滴。1996年,我写了一组书信体随笔,谈自己对语文教学的感想。商先生读了,立刻把文章推荐给《浙江教育》杂志。不多久,文章发表,这是我第一次发表专业文章。1997年,商先生约我一起编写人教版课本的作文教参,我编了五年级一册。那是我出版的第一本书。1998年,商先生把我介绍给一些办学机构,每周给小学生上一次作文课。上课时,学生在前,家长在后,所以每次上课都必须充分关注学生的学习状况。这样的磨炼使我提升了教学技能,更逐渐树立了以生为本的理念。2002年,商先生引荐我加入《新语文作文》的编写团队,我由此结识了钱理群先生、王栋生先生等前辈,得到许多教益。老师一贯奖掖后进,对学生们一片赤诚,无微不至地关心,类似事例不胜枚举。

老师去世时,很多师友写挽联,写文章,我没有写。不是不想写,而是写不出。我一直在想,应该怎样来认识先生的价值。如果说老师的离去是我们这些弟子的损失的话,那么我们到底损失了什么？其实把这些问题归结起来，也就是一句话——商友敬先生是谁？

商先生酷爱读书，去世前两周，我去医院看他，他从床头取出两本书给我看，一本是周质平的《胡适与中国现代思潮》，另一本是叶嘉莹的《叶嘉莹说汉魏六朝诗》。这是他生前读的最后两本书。前一本是2002年出的，想必先生原来读过，住院时想重读。后一本初版于2007年，估计先生买后没有来得及读，因此带进了医院。我以为一般情况下，人在生命最后时刻想读的书必定是自己最感兴趣的或者最能激起共鸣的。

《胡适与中国现代思潮》分为两部分，前半部分讨论胡适与同时代的文人学者（鲁迅、冯友兰、赵元任、梁漱溟、钱玄同等）的关系、区别，后半部分讨论胡适先生的政治观、文化观、家国观。《叶嘉莹说汉魏六朝诗》中叶嘉莹先生从个体诗人入手，通过对其代表作品的讲解评析，阐述历史时代、社会现状和诗人的身份地位、品性才情与诗歌作品的关联，展示了汉魏六朝时期文学的整体风貌以及这一时期的诗歌在中国文学史上的地位。仔细想来，这两本书正可以回答前面的问题——商先生是一位具有典型传统读书人特质的现代知识分子。

商先生出身世家，交游广泛，年轻时得到名师指点，对传统文化钻研很深，对古诗研究更有独到见解。商先生一生中最美好的岁月是在磨难中度过的。有一次，我问他如何熬过那段日子，他只说了三个字——"背唐诗"。可见，传统文化不仅是商先生做学问的领域，更是他精神家园的基石。先生吸收了传统文化中的精华，成为有风骨的知识分子，虽历经磨难却未被击垮。更可贵的是，商先生不断读书不断反思，具有强烈的现代意识，他洞明世事，提笔著文，鞭笞丑恶，传播常识。他把十余年磨难化作教坛春风，让学生懂得中国的前世今生，明白世界大势。

  商先生患病后动笔写回忆录，可惜最终只写成数篇。他还对我说，如果有时间想写一写他的家族在一百年中的兴衰。我说，那一定会有极高的史料价值和文化价值。可惜最后也未写成。每念及此，怅惘尤甚。

二

  1992年3月里的某天，经人推荐，贾志敏校长到我就读的师范学校找到我，提及他的学校缺少师资，希望我提前毕业，上岗工作。虽然之前我听过贾老师的报告，但真正相识应该是这个时候。就这样，贾老师领着我走上了讲台。先教美术，再教数学，还当了大队辅导员。一个学期后，我向贾老师提出，想教语文。贾老师同意了。那时，贾老师正在准备《贾老师教作文》的讲稿。不多久，电视台开始连续播出系列片《贾老师教作文》，轰动异常。由此，不断听作文课，上作文课，读作文教学理论，我的语文教学生涯从作文教学起步。

  1996年，区教育局将我指定给贾老师做徒弟，还签了带教协议。贾老师经常上公开课，我去听，听完了就谈感想。他经常提醒我，学生是我们的衣食父母。这句话背后的学生观，对刚做教师的我而言，太重要了。我从来没有跟着贾老师翻来覆去打磨一节课，更没有在教学环节上纠缠，贾老师总是让我从整体上感受他的整个课堂。

  贾老师在（20世纪）80年代初曾与叶圣陶先生通过信。后

来因为开会,结识了叶先生的长子叶至善先生。为此,他写过一篇文章,我摘抄几段:

> 原来,叶老从不给孩子教授作文入门、写作方法之类的东西。他仅要求其子女每天要读些书。至于读点什么,悉听尊便。但是读了什么书,读懂点什么,都要告诉他。除此之外,叶老还要求其子女每天要写一点东西。至于写什么也不加任何限制,喜欢什么就写什么:花草虫鱼、路径山峦、放风筝、斗蟋蟀,天上飞的,地上爬的,水里游的,听人唱戏,看人相骂……均可收于笔下。
>
> 纳凉时,叶老端坐在庭院的藤椅上,让孩子把当天写的东西朗读给他听。叶老倾听着孩子朗读,从不轻易说"写得好"与"写得不好"之类的话,比较多的是"我懂了"和"我不懂"。如果叶老说:"这是什么意思呀?我不懂。"其子女就得调遣词语或重新组织句子,尽力让父亲听得明白。直至叶老说"噢,原来是这么一回事,我懂了"时再继续读下去。

叶圣陶先生用启发的方式让孩子们自己找到作文中的不足,修改完善。经常这样训练,孩子们也就学会自主习作了。现在回想起来,当年贾老师带教我时,也用了这种方法。受了这样的训练,我就不会去机械模仿贾老师的课堂教学手法,而是自行领悟教学方法背后的教育教学思想。掌握了思想,设计、实施教学环节就有效得多了。

除了上课,贾老师更多的是教我编辑校报,修改稿子,排版校对。这看似与语文教学无关,实际上却是提升语文教师基本素养的最好途径。我从教20多年,从写文章到写书,从编校报到编书,都是源于当初的历练。

说到写文章,贾老师年近七十开始学习电脑打字。他视力不好,打字时,脸几乎贴在屏幕上。几年中,竟在电脑中写下几十万字。贾老师青年时代因为家庭出身,饱尝艰辛,能由一名代课老师而成为著名的语文教育专家,个中努力和坚韧不是三言两语可以道尽的。这几年,贾老师身患重病,但依然凭着这股韧劲和对语文教学的热爱,在全国各地上课讲学,传递思想。他一上讲台便神采奕奕,一笔漂亮的粉笔字依旧苍劲有力。我知道,他是在跟时间赛跑。每到年节,去看望他,告别时他总会说:"有空多来坐坐,来看看我。"听了这话,我总是眼眶发热。

贾老师是传我"吃饭家什"的人。因为他,我学会了上语文课,懂得了什么是为学生服务的语文课,使我在新方法新口号满天飞的当下,不会迷失。

三

陈之藩先生有篇文章叫《在春风里》,文中回忆了他与胡适先生的交往,文章最后这样写:

并不是我偏爱他,没有人不爱春风的,没有人在春风中不陶醉的。因为有春风,才有绿杨的摇曳;有春风,才有燕子的回翔。有春风,大地才有诗;有春风,人生才有梦。

春风就这样轻轻的来,又轻轻的去了。

这段文字是对"如沐春风"最好的诠释。我何其有幸,几十年沐浴在春风里,感受着读书的美妙,教书的美好。

2016 年 10 月 4 日

一本书·一个时代

去年8月,华东师范大学出版社出版了由我整理的《积攒生命的光——贾志敏教育口述史》。书做得非常好,32开本,双色套印。版式设计,字体选用,照片摆放,如同贾老师的课堂教学,充满了设计感。封套采用米色压纹纸,封面上深灰色的贾老师侧面头像速写与白色书名相得益彰。封底上除了相同的速写像,还印了几句话:

教学生一年,要想到他五年;教他五年,要想到他终身。
何谓好教师?能培养出一拨又一拨好学生的才是好教师。
怎样的课叫好课?教师积极引导,学生主动探索,教有成效,学有提高,这才叫好课。
教师的一切努力,应该体现在学生的长进与提高上。

这些话是贾老师经常讲的,它们明晰而深刻地表达了贾老师的教育教学观、教师观。

不少读者告诉我,很喜欢这本书。一位同行将它借给一位医生朋友。这位医生边读边做笔记,读完,自己又买了一本作留念。有的读者说,读到贾老师坎坷的前半生,不禁泪目;有的读者说，佩服贾老师单枪匹马做教学实验的勇气；有的读者说，自己刚做语文老师，书中的观点让自己耳目清亮，承受住那些"迷眼乱花"的袭扰。

这是一本让我满意的书。作为贾老师的徒弟，能协助他为读者留下他的经历、思考、经验，让更多年轻同行了解前辈的教育教学思想，更好地教书育人，我深感荣幸。我用采访的形式，请贾老师讲述自己的人生阅历和教育生涯。采录过程中，我的脑海里时时浮现出一个念头——贾老师是一个内心极其强大的人。没有强大的内心，怎能以小小的年纪经受住家庭惨遭巨变；没有强大的内心，怎能直面苦难，坚持教学；没有强大的内心，怎能以课为药，与病魔抗争十年。

同时，这也是一本让我觉得遗憾的书。采录结束后，我深感这个工作做得太迟了。多年前我见过的很多贾老师的手稿、资料，已经找不到。有些事情，贾老师回忆不起来了。如果早几年为贾老师做口述记录，这本书一定会更丰满厚实。

今年正月初一，贾老师去世了。远在台湾的李玉贵老师得知消息后给我发来微信，说去年与贾老师在一个教学研讨活动中相遇。贾老师不但记得她上过的课，还说，在组建班级交流文化方面，要向李老师学习。李老师感动于"贾老师将平凡同行晚辈看在眼里，放进心里……"，说"思念贾老师，也是一种幸福"。我忽然想起，2016年12月贾老师在"浦东之秋"的活动中上《我和祖父的园子》，就是借鉴了学习共同体的教法，提出几个核心问题，让学生先在小组内自主学习，然后组织交流，顺应学情协助学生提炼出结论。学生在贾老师的启发下，主动辨析作者的语言，了解其写作特色。最后，贾老师与学生分享自己的阅读体会，引导学生课后阅读原著。

  我对贾老师近 30 年中的经典课例都很熟悉。《惊弓之鸟》《镇定的女主人》重在利用课文材料，加强语言文字训练。《两个名字》《程门立雪》是贾老师年过半百耄年变法之作，它们丰富了低年级阅读教学方法。基于这些课例，1999 年时，我将贾老师的阅读教学特点总结为：以读代讲，以读促思，以读引说。2000 年后，贾老师的阅读教学在课文材料的取舍上更强化了语用意识，教学中经常有当堂写段的环节，因此我在前述三个特点后，又补上了"以读导写"。2013 年后，贾老师的阅读教学理念又有新的发展。基于当下的学情、课程评价标准，他通常会以"识写生字新词，了解课文内容，解决核心问题，当堂练习写段"四个板块组织阅读教学。原先，我以为这就是贾老师探索阅读教学的终点了。没有想到，在《我和祖父的园子》中，贾老师又采用了新的教学方式。我有些惊讶，但更多的是感动。年近八旬业内泰斗级人物，为了更好地教学，依然不断学习、改进。贾老师对我说，他不是生来就会上课的，也是一点一点学习摸索出来的。这不是客气的套话，贾老师确实一直这样做着，真的是活到老学到老。

  我何其有幸，贾老师把我领上小学教师的岗位，使我一入行就看到了许多好的语文课。此后耳濡目染，亲炙十载，我得以走上一条正确的语文教学之路。所以，回顾我所了解的贾老师的阅读教学发展过程，也就是在回顾我学习语文教学的经历。

  贾老师的语文教学经验在改革开放后的小语界中具有巨大影响力。他的理念和做法是小学语文教学发展中的一条正途。在他的课堂中，可以看到厚积薄发的治学精神，一丝不苟的教学态度，勤于探索的实践勇气，显著扎实的教学效果。这是他从叶圣陶先生、袁瑢老师等前辈身上获取滋养，凭着对语文教育的满腔热忱，对学生的无限关爱，孜孜矻矻几十年，不断钻研取得的成就。贾老师的成就代表了他这代小学语文教师在自己的时代中，所取得成就的高度。贾老师的离开，意味着一个传统语文教育时代的谢幕。其实，前几年，幕布已经开始缓缓落下——随着新兴技术勃发，学生学习的方式、途径必将出现极大的变化。新时代已经来临，未来的小学语文该怎么教？如何更好地适应学情？从贾老师最近两年的公开课中，看得出他在思考探索答案。

贾老师去世后的几天里，我时常摩挲、翻看《积攒生命的光》。2017年春节里给贾老师做口述录音的情景还历历在目。有一段，贾老师说起自己一个初中同学的趣事，边说边笑无法自已。到后来，我完全听不清他说的话，只听见"咯咯咯……"的笑声，只看见贾老师眼角晶莹的泪花。如今，看着封面上的速写像，贾老师凝视远方，嘴唇紧闭，我知道，他是在等我们交出一份未来的答卷。

2019年2月11日

只有一面

10月18日晚,突然收到友人的信息,说李玉龙住院了,病危。两年前也听到过类似的信息,还好,那次他挺过来了。我问友人:怎么会?暑假中还在网上看到他在温州做培训活动呢。临近12点,友人来信息,说,人走了。

我打开电脑,找出一篇2004年2月写的笔记:

有点担心

因为报刊看得不多,所以直到2002年2月才知道《教师之友》这本杂志。后来在2003年夏天收到过一期赠刊。这本杂志大胆的办刊思路给我留下很深的印象。一位友人还曾说,它有点像教育界的《南风窗》。

今年初,从张向阳兄的一张帖子里偶然得知《教师之友》在新年伊始兴起了一场大讨论,于是赶紧找出有关帖子看。看着教育界的同人一次次热情洋溢的发言,感受着大家满腔的忧愤,我忽然产生了一种极不合时宜的担心。

虽然有网友将这次讨论与1997年的那次讨论相提并论,并希望能取得更多的成果,而我却担心《教师之友》可能在讨论之初就已把自己置于一个两难的境地。因为这次讨论虽然从表面上看是对三位名师的批判,可是随着讨论的深入,批判的矛头必将指向三位名师背后的体制和制度。不少网友一开始就已清楚地看到三位名师身上的问题多半不是他们自己造成的。那么《教师之友》能否将讨论引向更深的层面呢?我看不大可能了。当事人之一的钱先生早在2月7日就对广大参与讨论的青年们提出善意的忠告——不要谈到语文教育外面去。钱先生的提醒叫人感动。这就是大师的风范,一边诚恳地接受一群后生的批判,一边还在为后生们是否会进入"雷区"而担心。钱先生是从那个年代走过来的,他知道其中的厉害。随后《教师之友》的玉龙先生也表了态——支持钱先生的建议——作为一本中国的正规杂志的负责人在这样的讨论如燎原之火越烧越旺的情况下,所承受的压力一定是极大的。

如果讨论不能引向深入,那么其意义和作用就要重新估计了,(因为很多表层的问题在七年前已经讨论过了,并取得了成果。如《新语文读本》等一批书籍的出版并得到广泛使用。越来越多的教师正在用新观念做着工作。)这显然不是讨论的发起者和参与者愿意看到的。

所以,我觉得如何让讨论顺利、健康地发展下去,并取得成绩、发挥作用是热心讨论的人们现在应该仔细思考的问题。《教师之友》是一本有良心的杂志,在它想踏向禁区的时候,大家应该群策群力。

我们要批判前人以擦亮自己的眼睛,但我们不要苛求前人,毕竟不是人人都能成为顾准、张中晓的。前人终是要淘汰的,我们得自己干,干得多些,干得好些,研究前面是连环雷还是头发丝雷,然后一个一个起出来。一窝蜂地涌进去声势是大的,作用也是有的，只是代价太大了。

坚韧的毅力不比磅礴的勇气差。

  2002年怎么知道《教师之友》的，已经不记得了。笔记中提及的《教师之友》赠刊是2003年7月我到昆山参加新教育年会得到的资料之一，封面上四个大字"名校之思"。那期杂志上有几篇好文章，所以杂志一直保存着。我从那时起知道了杂志主编李玉龙。2004年1月，《教师之友》刊出一组评论于漪、钱梦龙、魏书生的文章，主题叫"那一代"，这好似在一潭死水中投入一块巨石。我因读到一些评论，故写下上述感想。那时，《教师之友》在教育在线论坛上有个专区，很多人在上面发表自己的意见，众声喧哗，热闹至极。借着热乎劲儿，2004年4月，《教师之友》编辑部在徐州举办了一次论坛活动，网友们走出虚拟空间，聚到李玉龙的旗下意气风发、指点江山。不多久，李玉龙向我约稿，是关于家访的文章。我的一个同事正好写了一篇，我就寄给他，后来刊发了。之后，再没有给他投过稿。可惜，2004年年底，《教师之友》停刊了。有人认为停刊的原因主要是"那一代"的讨论。也有人说不是，只是经济方面的缘故。个中缘由，不是外人可以知道的。

  2005年，李玉龙办起了网刊，我得到了一份。看完，我估计订阅的人不会太多。2007年9月初，李玉龙在教育在线论坛里读到我给儿子写的成长记录，跟了帖，我们在网上闲聊了几句。他说正在上海，但时间紧张，无法相见。后来我听说，他那时在筹备《读写月报（新教育）》杂志。

  过了些时日，李玉龙来电话，问我是否有时间去浙江参加关于小学语文教材的讨论。碰巧，那段时间忙，没去成。那次讨论成果 2009 年 2 月以"小学语文教材中的母亲与母爱"的主题刊发在《读写月报（新教育）》上，再次引起巨大反响，让人觉得《教师之友》好像回来了。又过了一段时间就读到了那次讨论成果的结集《救救孩子：小学语文教材批判》一书。之后几年没有再与李玉龙联系。

2011 年 3 月，我与朋友张学青去成都讲学。张学青联系了李玉龙，他来听课，坐在侧幕里，我们随意地聊着。活动结束后，他带我和张学青逛宽窄巷，参观华德福学校，最后还请我们在一家很有特色的餐馆里吃了晚饭。半天时间，我们好像没有聊太多的教育话题。即便是在华德福学校里，李玉龙也只是告诉我们，这里是什么，那里是什么。因为那天学校里没老师。李玉龙时常眯着眼睛微笑着对我们说话，但我却觉得笑容里有忧郁，就像那天成都阴沉的天气。

我与李玉龙的交往就是这些了，见面只此一次。

一位朋友问我对李玉龙的印象，我说不出什么，只是觉得他从一个退役军人变成教育媒体人，如此疯狂地做教育杂志，想改变教育生态和课堂生态，而且吸引了很多有思想有才华的人聚在一起，很不容易。不少人因为他的影响，进步，获得诸多成绩，这就更不易了。由此足见他的人格魅力。我没有参加过他组织的活动。一是因为天生不合群，二是觉得自我思想启蒙已经完成，三是觉得他对课堂教学的研究与我不是一个路子。我总认为思想启蒙只有与符合学科特点的课堂教学改进结合起来，才能产生真正的能量。

读了很多悼念文章，忽然觉得不少作者实际上并不了解李玉龙，细细碎碎的感人回忆却无法构成完整的精神世界的图景。我猜，从《教师之友》停刊起，李玉龙内心有时大概是孤寂落寞的，是不是还有点意兴阑珊，所以后来《读写月报（新教育）》杂志的出刊经常延误。

因为要写这篇文章，我又去了很久不去的教育在线论坛。还好，登陆成功。很多帖子还在，很多帖子已经消失。绝大多数版主都不认识。我在这个平台上获益良多，如今再来，心里不禁升起怀旧之感。论坛成就了一批人，如今他们都在各自的场域中叱咤风云。李玉龙的情况从某种角度看，却不太如意。李玉龙是个有天赋的人，可惜他一脚踏进基础教育圈子，总想集合弟兄们去唤醒那些真睡与假睡的人，还想做新尝试，最后非但天赋未能充分发挥，还耗尽自己年轻的生命。世事变化太快，只是几年功夫，论坛的黄金时代就落幕了。醒与不醒的问题，还是老样子。

记得那天在宽窄巷子里，路过一个冷饮小铺，张学青想吃冰淇淋，李玉龙问我要不要，我说肠胃不好，不要。于是，他俩一人一个冰淇淋蛋筒，我同他们开玩笑，他们吃吃笑笑像小孩。前几天在网上看见一张李玉龙与卢志文的合影，在病房里，两人一人一根雪糕，笑着。李玉龙大概是喜欢吃冷饮的。那天在宽窄巷子里，我真应该请他和张学青吃冰淇淋蛋筒。

2015 年 11 月 1 日

公益一年

从 2013 年起，我经常应邀在一些 QQ 教师培训群做公益讲座。讲座之后，常有外省市的同行给我留言，咨询各种教育教学问题。为了便于解答，2016 年 7 月 16 日，我在 QQ 平台上建了一个群，以我正在做的教学实验命名：小学语文单元整合教学。9 月，入群的老师达到 500 人，于是我支付了年费将群人数扩充到 1000 人。11 月，为了满足越来越多的老师的入群愿望，又支付费用将群人数扩充到两千人。不多久，群内就满员了。

QQ 群活动的形式主要是播放教学录像，再由我点评。每次播放的教学视频，都由我精心挑选，很受大家欢迎，老师们看了一遍还觉得不够，因此每节课都安排重播，有些课甚至重播了四五次。原定两周活动一次，实际上因为重播，在很多月份里每周都开展了活动。一年中，我们共活动 42 次。每次活动两个小时到两个半小时。共有近 8000 人次参与其中。在群里，不仅有小学语文教师，小学其他学科的教师，还有幼儿园教师、中学教师、师范大学的学生，以及家长。2017 年元旦前，群里连续 4 天播课。除夕下午，群里也放了课。我将其称为跨年活动。在这样特别的日子里，群内依然有一两百人参与听课。一位老师打趣说：朱老师这是有多痴迷教学研究啊。我说：还好有很多同行跟我一起"疯"。靠我一个人是无法形成这样的氛围的。除了听课评课，老师们经常在群里讨论各种教学问题，分享各类资源。一年下来，群内的资源达到320份，涉及教材分析、教学设计、论文、课件、电子书等20多个类别。

  前几天，QQ群建立满一年，我们用听课评课的方式作纪念。很多老师留言表示感谢。一年中，我确实付出很多精力、时间，但也有不少收获。

  第一，收获感动。QQ群虽然是一个虚拟的社群，但人多之后得建章立制，要进行过程管理。于是几位热心网友自告奋勇担任管理员。我们拟定管理制度，落实管理，从群名片的修改到学习交流，录制活动过程，分享资料的整理等，一切都做得井井有条。这些管理员白天都有本职工作，下班后还有繁重的家务。没有一分钱的报酬，每周增加七八个小时的额外工作。我与他们本是陌生人，只是凭着共同的情怀走到一起，做一件美好的事情。

  第二，感受热忱。一次，一位老师给我留言，希望我讲解时说得慢一些。起先我没有在意。后来那位老师又说，自己已经快退休了，还希望学习，只是电脑操作不熟练，有时跟不上听课的节奏。群里有好几位即将退休的前辈。群里还有很多刚踏上教师岗位的青年人。有时他们会告诉我，工作环境不好，待遇很差，学生难教，但他们还是想做个好教师，所以很珍惜网络学习的机会。这些同行，有很多不同之处，但他们对于教书充满了相同的热忱。常在媒体上看到各种关于教师的负面报道，而关于教师如何辛勤工作的报道却少之又少。以至于教师这个职业在社会中的美誉度急剧下降。事实上，那些犯罪、犯错的教师只是教师群体中的个例。要知道基础教育事业是靠众多与群里的老师一样默默无闻、埋头苦干的普通教师在支撑。他们是教师群体中的绝大多数。

第三，获得鞭策。一些老师因为我的指导而在各种比赛中获奖，收到喜讯，我也非常高兴。因为自己的经验被证实是有用的，而且具有普适性。每次听课评课，学习别人的长处，辨析不足之处产生的原因以及改进的方法，设身处地地想，如果我来教，可以怎么做。这是提升业务水平的好方法。解说自己的课，为大家释疑解惑，可以引发更深的学科教学思考，更准确地把握学科本质。因此，当得到同行的感谢时，我更感受到了鞭策。教学研究没有终点，社会在前行，时代在剧变，学生在发展，一个教师只要站在讲台上，每天都应该努力琢磨改进教学。如果说我引领了一些青年教师，那么引领要建立在不停地学习上才行。与同行的交流，使我获得不断学习的动力。

公益一年，最高兴的是一些同行的思维方式发生了变化。听课时他们会特别在意学生的发展，而不是教师的精彩。他们不盲从，善质疑，从学生的视角观察课堂。影响教师造福学生，可以算是我积下的一点功德吧。

为了把培训活动做得更好，最近，我在CCtalk（沪江旗下的实时互动教育平台）上建了新群，8月3日将在新平台上举行第一次活动，几天内，近400位老师搬入"新家"。欢迎更多的朋友入群来交流。

在新群里，我将与大家一起继续锤炼各项教学基本功，上好每一节课，做好教书匠，努力让自己的职业生涯充满光亮和幸福。

2017年7月23日

电话铃响

一

下午,风很大,窗边大树的枝叶哗哗乱响。我正埋头批作业,一位远方的朋友发来消息:"网络评选开始了。"

不出所料,第二天上午,投票公司就打来电话。到了下午,桌上的固定电话响个不停。实在受不了,接起一个。

"请问是朱煜老师吗?"

"是的……"

"我是深圳××公司,我姓黄,您叫我小黄吧。"很专业的客服用语。

"有事吗?"尽管知道对方的意图,我还是很礼貌地问。

"我们看到您参加了十大青年名师的评选,您目前的排名太靠后,我们公司可以提供投票服务……"

"不用了……"我打算挂电话。

"您既然已经参加了这个评比,就要想办法让自己出线啊。主办方去年办第一届,有的老师就联系我们,合作得很好。"小黄劝说着。

"是吗?"我很惊讶,"怎么可能?"

"朱老师，您太单纯了。您看，现在才第二天，有些选手的票数已经过万。没有刷票公司帮忙不可能的……"

"不会吧……"我还是愿意相信同行。

小黄或许以为我在犹豫，忙不迭地说："您看，您现在只有6000多票，怎么可能获胜。您所在的学校是实验小学，规模一定很大，一定很重视这样的荣誉。一票一票地投，投到什么时候才会赢？只要1万块钱，我们就保证让您进入前十名。等评比结束再付费。"

"真的不需要……"

小黄还是不死心："您看，我们都研究过您的信息，您应该能出得起这个钱。保证让您进前十，先出结果后付费。您如果不便出面，可以让中间人与我们联系……"

刚好，有同事找我谈事，我和小黄的交谈友好而自然地结束了。

二

桌上的电话又响了。拎起电话，是一个说普通话的外地小伙儿。

"我要找朱煜。"

"我就是。"

"我是……杂志……平台，你参加……评比……"小伙子语速很快，听不出在说些什么。我对着话筒说："谢谢，我不需要刷票，再见。"说完，挂了电话继续批作业。

过了5分钟，电话又响了。还是那个小伙子，他显然有点不高兴："你为什么挂电话？我要找朱煜！"

"我就是啊！我不需要你们帮忙刷票。不需要网络公司帮忙。"

"谁说我是网络公司的？谁说要刷票了？"小伙子更生气了。咦？难道是我弄错了？

"那你是哪里？"

"我是杂志社的。"小伙子理直气壮，"我是管理评选后台的。把你的联系方式告诉我，到时候可以尽快通知你评比结果。"

我明白了。

小黄说话很客气，为了不打击他，就和他多聊一会儿。这个小伙子冲头冲脑的口气就让我不舒服了。

"你是哪家杂志？"

"就是举办评选的杂志啊！快点把联系方式告诉我！其他参加评比的老师都把联系方式给我了！"

"你们编辑部有我的联系方式，你不需要问我要。我不需要第一时间知道评比结果！"

"我们是两个部门的！你怎么回事？网络公司给你打过电话……与我无关……"

"你们主编、主任、责任编辑都有我的联系方式，我不能再给你。"先前的不舒服，此时已慢慢变成了逗乐。

小伙子被激怒了："好！我不要了……"话音未落，他挂了电话。

三

正当我思忖着这篇小文章如何结尾时，手机又响了，一个甜美的女孩子的声音飘出来："您是朱煜老师吗？我是杭州××公司的，您知道自己进入十大青年名师的评选了吗？"

这种句式很像证券公司的客服人员电话通知股民中了新股时的话语。

"我不需要刷票。"我还有几组作文本没批完，没时间逗闷子。

"这可是全国性的评比，您不在乎吗？"小姑娘很好奇。

"谢谢，我真的不在乎。"

"好吧。我叫刘莺，有需要的话随时联系我哦。"

"莺"，柳浪闻莺的"莺"。我看着透过窗玻璃射进办公室的阳光，忽然莫名地想，现在西湖边上要听到莺啼大概还不容易，但垂柳应该吐出新芽了吧。窗外一丝风也没有，枝叶静静挺立。窗台上的水仙花败了，但黄色的花蕊依旧努力向上伸展。狭长的绿叶错落有致，真有几分水墨画的意趣。

附记：

今天是儿子生日，匆匆写下此文，送给他，让他知道爸爸一直是个努力工作着的普通教师。

也谨以此文献给为我投票拉票的旧雨新知。大家的支持、关心让我感动，也给予我不断前行的力量，这比评比结果重要无数倍。

谢谢大家。

2017年3月2日

附录

访谈：不读书，就无法真正教好学生

采访者：冷玉斌

冷玉斌：朱老师最近正在读的书是什么书？能不能做个介绍？

朱煜：我最近在读梅子涵老师的《女儿的故事》和梅思繁的《爸爸的故事》。梅子涵是梅思繁的爸爸。前天偶然在微信中看到书讯，新蕾出版社将这两本书放在一起出版，就赶紧买下了。《女儿的故事》原来读过。《爸爸的故事》估计是新近写的。这次将两本书放在一起读，很有意思。你知道，我给儿子写过几百篇成长录，所以对这类反映孩子成长过程的书一直挺有兴趣。现在还没有读完，初步的印象是《爸爸的故事》更打动我。我想，这和年龄有关吧。看一个成年的孩子回忆与父母相处的细节，抒发感受，让我情不自禁地想到自己，想到自己的父母和孩子，想到流逝的岁月。等读完，我会写一篇书评，表达自己的想法。

冷玉斌：朱老师，贾志敏老师在给您的题词里有一句"读书是立身之本"，我觉得这是一个很贴切的评价。对您从教以后的读书经历,您能做一个回顾吗?

朱煜:这是一个很大的问题,要回答好,得写一篇长文才行。限于篇幅,我只能分阶段说。

第一个阶段(入行一两年),刚走上讲台,教育教学上的事情很多都不会。巧了,有一天我在书店里无意中买到一本《苏霍姆林斯基教育理论体系》。念师范时读过一些苏霍姆林斯基的书,还做了不少摘抄。而《苏霍姆林斯基教育理论体系》正好帮助我梳理了原先的阅读体会,使我对苏霍姆林斯基的教育理念有了更清晰的了解,并促进了自己教育理念的形成。

第二个阶段(入行3—10年),读了不少语文教学理论与教育理论方面的书。如《叶圣陶语文教育论集》《语感论》《言语教学论》《文章学与语文教育》《语言学与语文教育》《文艺学与语文教育》《传统语文教育教材论》《现代课程论》《教学策略》《教会学生思维》《教育新理念》等。在有了一定的教育教学实践经验后,再读这些理论书,让我更好地反思自己的课堂教学。而阅读课程理论则使我慢慢能够站在课程的角度思考一节课的设计与教学,教学的视野由此拓展了。

第三个阶段(入行11—20年),这个时期由于承担了校内课程开发、各学科教学管理的工作,所以阅读了不少其他学科专业书和教育教学管理书。至此,我的兴趣已不仅仅停留在语文教学上,而是对课程改革、学科建设、教师专业发展等方面都开始关注,就此养成了系统思考教育教学问题的习惯。另外,这时儿童文学阅读推广蓬勃发展起来。我小时候读过不少儿童文学作品,念师范时也学过儿童文学理论课程。因此,在这个阶段读了不少儿童文学理论书以及儿童文学作品，算是温故知新吧。

第四个阶段（入行 21 年至今），这段时期，我的专业阅读目光放在了教育教学理论研究著作上，可能是因为之前的阅读经历，所以累计到了这个阶段，就想看一些更深刻的东西。

以上回顾，谈的是专业阅读，实际上，在各个阶段，除了专业阅读，我依然根据自己的兴趣阅读了不少文史哲方面的书。这类兴趣阅读，对专业阅读有着非常好的促进作用。

冷玉斌：如果做一个相对的总括，迄今为止，朱老师认为对您的教育教学影响最大的书有哪些？对您的影响又体现在哪里？就说三本吧，我知道其实会有很多。

朱煜：第一本是苏霍姆林斯基的《给教师的建议》。苏霍姆林斯基不仅将整个心灵献给学生，也将整个心灵献给了同行。在这本书中，他生动亲切地讲述着自己的教育教学实践，分享着自己的经验，让读者感受到他的教育智慧。教育智慧是一线教师最需要的。第二本是《叶圣陶语文教育论集》。有朋友问我当下小学语文教学的问题是什么。我说，创新有余，继承不足。要继承前人经验，首选当然是叶圣陶先生。这本书，中小学语文教师应该每年都读一遍。它让我们知道，应该如何认识语文课程，如何上语文课。第三本是陈鹤琴先生的《家庭教育》。我是在有了儿子之后读这本书的。读完之后立刻推荐给我班的家长，也在不同的场合推荐给同行。这本书用家常语言告诉我们如何理解儿童，如何对儿童有话好好说。有话好好说，是很多成年人不会的事情。

冷玉斌：就我的阅读所及，教师群体中对周作人先生的阅读有如朱老师者，不说没有，肯定极少。那您觉得，阅读知堂先生的文章，对您到底产生了什么样的影响与推动？仅仅是个人趣味吗？您觉得知堂先生的文章对当下的教师有怎样的意义？如果有老师现在也想读周作人，您能给些建议吗？比如合宜的阅读路径，从哪些书入手，有哪些重要的解读文章或书籍不能错过。

朱煜：知道周作人，是因为我父亲的介绍。我念初中时，有一次父亲提到了周氏三兄弟。父亲有不少鲁迅的书，却没有周作人的。我问他原因，他说周作人当过汉奸，他的书不容易买到。好在等我想读周作人时，他的书已经能容易地买到了。

周作人读书多，学问大，识见卓绝。他是作家，是思想家，是人道主义者也是自由主义者。他和鲁迅是现代文坛的两座高峰。读他的文章，我印象最深的是"人情物理"四个字。周作人说，人情物理就是健全的道德，正确的智识。这话简单至极，可是内涵却深刻得很。所以在拙著《教书记》的腰封上，我写了一句话：我希望自己的文章和课堂中有人情物理。另一个印象深的是他的文章之美。我的文章观，完全受了周作人的影响。《教书记》便是我读周学周的作业汇报。

小学教师如果想读周作人，可以先选以下书籍：钱理群先生编过一套《周作人散文精编》，非常好。如果再配上钱先生的《读周作人》一起读，就更好了。周作人的有些文章并不好读，一边读，一边看钱先生的导读，能降低阅读难度。周作人的《知堂回想录》是他的回忆录，文字平实，记叙详尽，可以当资料看，可以当散文读。读完了，对周作人的思想便会大致了解。作为小学教师最好再读一读《儿童杂事诗图笺释》，不管是周作人的诗还是丰子恺的画、钟叔河的笺释，都堪称一绝，不要错过。

冷玉斌：朱老师，您是商友敬先生的得意门生，商老师对您的读书生活影响极大，那商老师"教"了您什么，您又"学"到了什么，能具体说说吗？

朱煜：第一，"得意门生"不敢当。第二，商老师不仅对我读书生活有巨大影响，对我整个人生也有很大的影响。每次到商老师家里看望他，主要就是谈谈最近买了什么书，读了什么书，然后天南海北地闲聊。看上去一点儿没有"教"，但实际上我学到了很多。我曾在一篇文章中说，商老师的书房就是我的课堂。概括地说，在商老师身上，我看到了一颗赤子之心，这是教师最需要的。商老师一生坎坷，但他始终葆有一颗赤子之心，热诚地对待学生对待教育，一辈子研究学问。商老师是将读书写作真正当作生活方式的，临终前一个月依然在读书。商老师身上既有传统知识分子的风骨，又有现代学人的视野胸襟。这是我一辈子都要学习的。

冷玉斌：朱老师在学校里，会经常和老师们聊读书吗？如果聊，会聊些什么话题？您觉得对于教师阅读的引导，需要有哪些特别注意的地方？或者，您是不是有一些独特并且有效的策略？

朱煜：我从2004年起在学校里做教师阅读推广活动。每个学期根据学校工作的需要，教育教学的焦点热点，选两本书，学校购买，送给老师们。我会针对书籍内容做一个详细的读书方案，方案中通常会明确每个月要阅读的章节和利用教研组活动时间交流读书心得的主题。只要有可能，我还会将作者邀请到学校，为教师做导读。读完之后，会根据书籍内容请老师们完成一份"作业"。比如，读完《美国学生课外作业集锦》一书后，我设计了一个模板，请老师们根据自己所教学科的特点设计一份学生作业，真正做到学以致用。

组织面上的教师阅读活动，首先，突出实用，要利用各种方式让教师们体会到书籍对自己有用。其次，关注情感，想办法拉近教师与书籍的距离。比如邀请作者导读就是很好的办法。再次，强调整合，将阅读书籍与教师的日常工作巧妙地整合起来。不要让教师觉得读书是一项额外的任务，是负担。最后，营造氛围，引导学生读书需要营造氛围，引导教师读书当然也需要氛围。从硬件氛围到软件氛围都很重要。比如在学校里找几位爱读书的教师，经常交流，在适当的场合请这些爱读书的教师分享读书体会，这就是软件氛围。

冷玉斌：现在，很多地区、学校都有读书活动，用读书来推动教师专业发展，您也经常参与，得到了很多老师的肯定和喜欢，那么，在这些活动中，您有什么印象特别深刻的吗？他们是怎么做的呢？我想，这一定也会给我们的读者带来很多启发。

朱煜：现在各地的教师读书活动很多，有学校组织的，有教师自发组织的，也有像厦门海沧区、哈尔滨香坊区那样以当地教师进修学校牵头组织的，都做得非常成功。学校组织的或者民间沙龙式的读书会，大家共读一本书，定期活动，分享心得，能将书读深读透。官方组织的读书活动往往采用读书心得交流评比、专家讲座、教学展示、经验介绍等形式，能在一定的区域内营造出良好的读书氛围，让不爱读书的老师逐渐爱上读书，从而带动区域教学教研。一个没有阅读习惯的人要养成阅读习惯，是需要一些外力作用的。

冷玉斌：说说儿童阅读吧，现在儿童阅读推广活动是遍地开花，在您看来，什么是好的儿童阅读推广？儿童阅读推广最重要的是做什么呢？对这些事项，非常想听听您的意见。

朱煜：好的儿童阅读推广首先要关注儿童性。推广人要真正懂得儿童，知道儿童阅读规律，知道儿童需求的多样性，知道儿童生理心理的差异性。其次，好的儿童阅读推广应该将有为与无为巧妙地结合起来。所谓有为，是指设计一些有趣的阅读活动，使学生通过活动实践，深化阅读成果。所谓无为，是指为学生提供时间与空间，让其自主阅读，教师完全退出。再次，好的儿童阅读推广应该将课内与课外的功能真正梳理清楚。课内的语文课，课内的阅读指导课，课外的学生自主阅读应该是正相关的。课内部分，教师的指导性必须彰显；课外部分，学生的主动性、能动性必须充分激发培育。教师应该知道哪些内容是课内的，哪些内容是课外的，并在实际操作中很好地区分。如此才能将不同场域的作用真正发挥出来。

好的儿童阅读推广的目的，就是培养良好的阅读习惯和阅读策略。以上谈及的三个方面，是当前儿童阅读推广中做得还不够的。

冷玉斌：其实刚刚朱老师已经讲到很多书，但从我们这个栏目，还是不能免俗，最后请朱老师给我们的读者推荐两本书，一本专业书，一本童书；再给我们的读者一段话，就当是寄语吧——

朱煜：说到专业书，推荐苏霍姆林斯基的《给教师的建议》吧。即便你已经读过此书，我建议还是每年拿出来重读。经典的魅力就在于常读常新。

说到童书，推荐怀特的《夏洛的网》。我的第一篇童书书评，写的就是《夏洛的网》。另外，你如果愿意再读一读怀特的散文的话，相信你会有惊喜哦。

读者诸君，读书是一件很普通的事情，就像吃饭睡觉一样。正因为像吃饭睡觉，所以读书是生活中必不可少的。尤其对于教师而言，读书更为重要。因为不阅读，我们就无法真正教好学生。正因为像吃饭睡觉，所以读什么，用什么方式读，尽可以自由选择。只要有营养，有收益就好。

访谈：抗衡野蛮，还得靠启蒙

采访者：朱永通

先学习继承，然后才是思考、创新

教师月刊：我们每次聊起语文，总会自然而然提到贾志敏老师。

朱煜：贾老师是我的师父，是传我"吃饭家什"的人。我从贾老师等前辈的身上继承了宝贵的精神财富：喜欢课堂，热爱孩子。

教师月刊：向一切有成就的前辈学习，无疑是每个教师专业成长的不二"法门"。但前辈的经验如果照单全收，也有可能让宝贝成为桎梏。我发现，如果你不说，很少有人会把你和贾老师联系在一起，因为你们的教学风格迥然不同。你是如何反思前辈的经验，扬长避短，进行具体化改造，让自己的专业成长具有创造性的一面的呢？

朱煜：刚做教师的时候，某天我得到一个上公开课的任务，要上《蛇与庄稼》。这是一篇讲述事物之间的关联的科普文。同事们帮我备课，贾志敏老师也来了，见我们讨论热烈，出了个主意：上课铃响，先不要进教室。15秒钟后，手捂肚子慢慢走进去。然后告诉学生，不小心吃了不干净的食物，闹肚子了，上课都迟到了。以此告诉学生，不干净的食物与迟到看似无关，现在却产生了关联。大家都说好，可我连连摇头说这个贾老师能做好，我绝对做不来。看上去只是营造一个小情境，可要把握好其中的度是很难的，得靠丰富的教学实践经验。对于年轻教师，稍不注意，就弄巧成拙。

向前辈学习，第一，尽量多的吸收。第二，吸收后要不断"咀嚼"，思考哪些经验符合自己的特点可以借鉴，前辈经验的产生背景，前辈经验与教育教学现状的契合度。比如，我常听同行这样说："语文就是要上得简单，某位老前辈一节课只有两三个教学环节，朗读课文就花了三分之二的时间，多么注重基础。"如果哪位老师真的这样照搬，就出问题了。注重基础不错，可用这种方式并不好。现在教材中的学习内容很多，如果每节课都是这样"慢条斯理"地上，不说学习任务能否完成，首先学生就会觉得无趣啊。前辈的有些课是只能当成"概念课"来听的，它传递的只是一种理念，如果从教学方法的角度学，可能会走偏。第三，将前辈的经验转化成自己的教学实践，得讲究阶段性。有的适合职初教师，有的适合成熟教师，将好经验用在最合适的阶段，效益才能最大化。

教师月刊：对教师而言，不必奢谈工匠精神，但至少专业精神不可或缺。在我看来，专业精神指向两个方面：一是开启智慧，简称启智，这主要就教书而言，当然教书也有初高级之分，初级者眼睛盯住的是分数，所谓考试主义者也；高级者培养学生兴趣，教给学生思维和方法。二是启蒙，这主要就育人而言，不管哪个学科教学，都应有其精神内涵及价值引领：激发学生热爱生活，让生命敞亮。请谈谈你在不同教学阶段对启蒙语文的理解和实践。

朱煜：启智、启蒙的说法非常好。

启蒙语文，是我2005年提出的观点，提出之前就已经有不少实践。我在语文教学中教学生质疑，教他们多角度思考，教他们独立判断，等等。那时候，年轻气盛，读了一点书，懂了一点常识，看到种种不合理的现象，就想传递普世价值给学生。那时，胸中常涌动着"为天地立心，为生民立命"的豪情。到后来，××语文的说法越来越多，我就不再提了。不过，启蒙语文的实践从未停过。10年前在课堂上做思想启蒙，是生涩的，甚至有点灌输的味道，就好像写文章写到最后，一定要点题点明中心。现在不会了。随着教学经验的累计，对学科本质理解得更清楚，思想启蒙与学科教学的融合已经做得比较成熟。同样教思维方法，现在引导得多，示范得多，播撒"种子"后等待的耐心更多，让学生自己慢慢体悟建构。

最近，我又开始提启蒙语文了。不是作为一种教学流派提，而是当作一种思想方法，应该用"启蒙·语文"的形式表达。以前我总觉得，随着时代前行，科技昌明，野蛮的力量会逐渐自行减弱。但现在明白了，野蛮在不同的历史时期中会以不同的方式存在，它不会那么容易消失的。要与之抗衡，还得依靠启蒙，不是在语文一个领域启蒙。

重提启蒙语文还有一个原因是听了很多课后，发现不少同行没有正确理解小学语文课程，语文教学目标、策略、方法。推想原因，可能有这些：第一，在师范院校学习时，未学好；第二，工作后相关专业培训缺失；第三，由于区域、学校专业培训缺失，很多老师只能通过一些商业性的业务培训活动了解专业知识、技能。但业务培训活动一旦商业化，必定追求经济效益。于是教学活动的场所变成球场、剧院，听课人数从几十位上升到数百数千人。在此情况下，课堂教学中的各种细节要放大，教学节奏要放慢，教师的教学行为甚至要夸张。如果还是按照常态来教学，剧场效果会很差，这自然是活动主办方不愿看到的。可课堂教学的空间、人数、方式等因素是有规律的，一旦违反，课堂教学就会异化。教师在这种情况下得到的专业知识、技能一定会有问题。

我自认用启蒙语文的概念阐述我对小学语文教学的认识是合适的。用启蒙语文的理念实施教学，带教青年教师，效果也很明显。

教师月刊：商业是好东西，但过度商业化也有可能变成侵害教师精神的病毒。关于学生阅读，现在也变成了一门大生意。对于各种各样的学生阅读推广，你怎么看？

朱煜：因为我从小有读书的习惯，家里也有很多藏书，所以在很长的一段时间里，我都不愿意去上课外阅读指导课。我觉得,每个小孩子都是天然的阅读爱好者,把他们带到图书馆去,让他们自由阅读就很好啊。我在20世纪90年代就在班级里建立了小图书角,把自己读过的课外书放在里面,供孩子们阅读。那时没有阅读推广的说法,我只是从自己的阅读经历出发这样做。

现在,我的想法有点改变了。一是我发现有些孩子已经不是天然的阅读者了。原因很复杂,这里不去深究。二是现在的孩子们要学的东西多,要读的书也多,得教一些阅读方法给他们,提高阅读效率。指导小学生读书,其实很简单。第一,经常给小学生讲故事。讲故事是小学里最有效的教育教学方法。我每当教到四年级,就会连续两周为孩子们讲福尔摩斯探案的故事。两周之后,班级里一大半孩子会去买《福尔摩斯探案集》来看。第二,凡是推荐给学生读的书,教师自己先读到位。读到位,才能与学生进行有效的互动交流。第三,除了读书交流会中讲一些阅读方法外,在教课文时更要注重阅读策略的教学。读书是件很平常的事,不复杂不神秘。指导学生阅读时有些技术性的东西,可以通过听课、看书、听讲座去了解,而且技术性的东西是有限的,学了一些,了解了规律,自己就可以创造。关键是教师自己读懂书,并了解儿童。没了这两条,学再多的技术也是无用。至于将儿童阅读推广变成一门生意,不断翻花样,把阅读与各种新鲜时髦的玩意儿捆绑在一起,夺人眼球,我就不说什么了。先父曾言,可以看破,但不必点破。

教师月刊:你对群文阅读有何思考?请谈谈你的核心观点。

朱煜:在当下各种阅读教学改革的试验中,群文阅读是很引人关注的。对那些辛勤探索的同行，我表示敬意，但我不会去做这个试验。第一，群文阅读起源于台湾，它对台湾原有的语文教学有很大的促进作用。台湾小学的课程设置、班额规模、学校环境、家长力量等因素都能与之匹配。这是很多大陆小学做不到的。第二，群文阅读所传授的阅读策略多是台湾教师从美国借鉴而来的，在本土化的过程中恐怕还有不少路要走，教材建设，教法摸索，课程创新等，普通一线教师几乎没有这个研究能力。第三，大陆阅读教学中有很好的关于阅读策略的教学经验，前辈们的实践远比台湾老师做得好，可是很多老师并不了解。他们只看到了语文教学中的不足，便把这些不足当作语文教学的全部。当然，我没有拒绝向港台同行学习的意思。写下上述分析也并非不想改进，而是想让大家知道，当有更好的解决方法时，不必舍近求远。

讲到这里，又回到开头提到的向前辈学习的问题了。在小学语文教学实践中，我们还是要先学习继承，然后才是思考、创新。

为适应学生的变化，教师得不断学习

教师月刊：非常赞同你的观点，要先学习继承，然后才是思考、创新。今天的教育太浮躁，不少教师的课堂花架子多，为创新而创新。我们培养出来的学生普遍存在一个问题：不会提问，且不善表达。这其实与教师的教学方式息息相关。不少教师不仅把孩子教傻，也把自己变傻。如何不变傻，这其实涉及教学相长的问题，即以生为师，不仅要把学生教会，还要向学生学习。在你看来，语文课堂如何提问，如何让学生学会表达？对于年轻老师来说，在这两个问题上，需要特别注意哪些问题？

朱煜：语文学习是发展学生思维力的最好途径。教学生表达，一要准确示范，二要耐心指导，三要及时鼓励。最难的是第二点，教师一旦明确了训练目标，就要舍得花时间，一点一点教。学生越有困难，越要耐心教授。坚持两个月，就会有显著的成效。在我班上，只用了一个星期，一个孩子现在一下课就会将课堂上他来不及说的话，说给我听。

关于课堂提问，是可以写成一本书的。以我的经验，可大致归纳成这样几点：第一，研读课文，准确制定教学目标。第二，精心设计教学环节。好的教学环节是课堂提问的载体。一团糟的教学设计中很难产生好的提问。第三，把握每个教学环节要达成的小目标。心中有目标，课堂上说话就会更有指向性，提问就会更直接明确。第四，平时要有意识地练习教学语言。教学语言是一种技能，大多数人都需要勤加练习，才能掌握。其实，课堂教学中的各种技能都是要苦练的，甚至正确观念的形成也要靠自我磨炼。我从教20多年，一直在练，不敢懈怠。熟能生巧，巧能生精。

教师月刊：教育是需要耐心的事业，一个好脾气、耐心的老师是好教育的基本标志，从这个意义上说，挑选教师远比培训教师重要。但教育的无奈在于，绝大多数学校无法挑选教师，所以只能靠培训来促进教师成长。在你看来，学校在教师成长上可有哪些作为？如果你来当校长，你会怎么做？

朱煜：如果我当校长首先尽力做好两件事：第一，教师培训；第二，校园文化环境的建设。这里只说第一点。

教师职业的特殊在于为了适应学生的变化，得不断学习。在岗一天，学习一天。学校要建立完善的教师培养机制，一所真正的好学校首先是培养教师，其次才是培养学生。一所真正的好学校应该让那些追求上进的老师获得强烈的归属感，让他们每天走进校园时都充满期待，期待与学生一起成长，获得职业幸福感。一所真正的好学校应该有强大的气场，让所有教师都有向上、向善、向美的需求。具体可以这样做：

首先，建立全员覆盖的专业培训体系。从学校行政管理人员到职初教师，都应该有相应的专业培训课程。让处于不同专业阶段的教师都能在原有基础上得到提升。培训内容和形式应该多样，既有理论的指引，又有实践的操练。

其次，在校园里开展教师读书活动。我从2004年起每学期给全体教师选购两本专业书籍，组织专题读书活动，邀请作者进校导读，设计与教师日常工作相结合的阅读交流，效果非常好。

再次，定期邀请跨领域的通识讲座，完善教师的知识结构，拓展教师的眼界。

最后，努力做好校本研修，使教研训三位一体，让每个教研组都成为学习型研究型团队，营造优秀的校园教研文化。让教师们浸润其间，喜欢教学、享受教学。当一个学校里的每节课都上好了，那么就会出现"一好带百好"的状态，各方面的工作都会进入良性循环的状态。

在做上述工作的同时，我还要组建一个热爱教学研究的核心管理团队，单枪匹马是做不成事的。

教师月刊：如果人生可重来，你还会当老师吗？如果你还当老师，你会怎么做？

朱煜：如果人生可以重来，我面对的生活背景是否还与原来一样呢？如果一样，那还会当老师。如果不一样，就未必了。

如果还当老师，我希望能少走一点弯路，尽快进入到我现在的状态。我对自己目前的职业状态很满意。目前教的班级，接手才一个星期，已经有不少家长反馈说，孩子很喜欢上语文课。从孩子们上课的状态，我也感受到了。

这个学期我的课堂完全向同事开放，开学至今几乎每节课都有老师来听。我经常说要把公开课上成家常课，要把家常课上成公开课，我已经做到了。或许因为教学已经到了得心应手的阶段，所以我现在很喜欢同事来听课，更喜欢他们与我在课后交流。

不读书没法真正上好课

教师月刊：谈到教师学习和培训问题，不得不提教师阅读，这是一个老生常谈的话题，也是一个沉重的话题。教师不读书反而是常态，就是阅读，基本都是浅阅读，不少老师读不了有难度的文字，更不要谈阅读经典作品了。你的《教书记》一书即为明证。可以说，《教书记》的每一篇作品皆包含有独特的精神价值，从语言、结构到立意，皆有讲究。没想到，此书出版后，竟然是叫好不叫座。我开始有点不理解，慢慢地就想明白了，恰恰是这么"古典"的书，其高水准与高难度俱在，故而受众少是难免的。请结合自身的阅读经历,谈谈教师如何进行由浅到深有坡度的阅读。

朱煜:《教书记》是我很重视的一本书。连书中的序言和短跋都花了很多心思去写。我对一些朋友说过,那篇序言是我目前所写文章中最好的一篇。我一直觉得教育随笔不好看,常常是一个现象加一段感悟,所以从1997年起进行文体实验,尝试写出一种别样的教育教学随笔。我努力在一篇文章中提供多样的信息,营造出宽广的思考阅读空间,让读者在了解我的观点之后,又自然地建构出自己的观点。文章除了表达观点,抒发情感,还应该体现独特的文章之美。写文章,何处连,何处断,材料的处理,观点的出现,都要费心思,那样才能让读者获得多元的体验。好文章如同一个健康的人,除了肢体健全,还要讲究血脉气韵通畅无碍。《教书记》的主题是讲教师如何认识人,如何做人的教育。这当然不是新话题,但我想通过新的文章形式,让读者获得新的理解。我的阅读和写作受周作人的影响很大,《教书记》是我多年读周学周的作业汇报。这本书不难读,但要慢慢读,用随笔的形式写,就是为了增加其可读性。我曾对一个朋友说,《教书记》中的《当水磨腔不再悠悠》《把字写好》《王熙凤说话太着急》《发现趣味》等文章里有不少"机关",如果只是浏览,会失去不少阅读乐趣。可是,现在不是慢的时代,所以销量不好,可以理解。

一线教师工作、家庭负担重,没有读书的时间,没有读书的习惯,都能理解。但是学校领导必须了解,教师阅读放松不得。读书是教师的职业行为,不读书没法真正上好课。没有阅读习惯,学校可以培养。没有阅读时间,学校可以调整工作安排,挤出时间。学校推动教师阅读时,不要让教师觉得读书是多出来的一项任务,应该让大家觉得读书确实能给自己的工作带来促进。这是非常重要的策略。我原先不喜欢读教育教学理论,但当自己有了一定的教育教学实践之后,发现阅读高质量的专业理论书能帮助自己换一个角度思考教学实践,找到成长的方向,于是就喜欢看这类书了。又如,我原先不爱看文学评论,可是当我发现自己没有真正读懂一些文学作品时,就自然地去找文学评论来看。读得多了,也就有了分辨力,便会选择质量好的读。所以阅读活动的推动者应该把握教师专业发展的阶段特点,着力激发教师现阶段的阅读需求。一旦需求被激发出来,学校里再适时地举行一些读书沙龙活动,教师自会由浅入深地去读某一类书。

教师月刊:你最喜欢阅读哪类书(或不同阶段喜欢哪些书,有哪些书始终喜欢的)?你有自己的书房吗,你喜欢在书房阅读,还是对阅读环境不挑剔?你有无阅读上的癖好(比如必须在台灯下阅读,比如边读边喝茶或咖啡,比如边读边做笔记,等等)?你现在的书几乎都是网购吗?逛书店的时间多吗?到各地出差或旅游会去逛书店吗?曾对哪个书店情有独钟或印象深刻?读到非常棒的书,会向朋友推荐吗?你最喜欢在什么时候读书?有谁的读书法对你影响至深?有那几本书参与建构了你的精神家园?有哪些报纸或刊物是你割舍不下的?总之,关于读书,想谈什么皆可。

朱煜:我念小学时很喜欢历史读物,还找参考书梳理了各朝代历史年表。后来发现不少字典中都附有历史系年表。不过现在回想起来,这样的梳理很有意义。到了中学、师范时代,阅读兴趣很广,文史哲、政治、自然博物等,都很喜欢。做教师之后,又增加了专业书籍。多年来我的阅读范围基本没有什么变化,一直喜欢杂览,这是优点也是不足。我的书房也是儿子的卧室,所以很少在书房里读书。家里到处是书,随时随地拿出一本就可以读,没有什么特别的讲究。我一直觉得读书与吃饭、睡觉是一样的,是生活的一部分,至少在我身上是一样的。我读书时,不吃东西,也不做笔记。学生时代是做过不少笔记、卡片的,现在要读的东西多,没时间做了。

现在买书基本在网上买,好处是方便,能找到书店里买不到的书。坏处是无法真正挑选,有的书买回来,翻了几页就失望地放下了。《教书记》中有一篇文章,写到了我年轻时逛书店的经历。每周在书店里消磨一天,很惬意。这种惬意现在没有了。以前到外地,常会去逛当地的书店,有时还能"捡漏",为旅行平添一份惊喜。现在好的实体书店太少了,真的少到屈指可数的地步。我指的是让读书人走进去眼睛一亮的书店。而好的二手书店更是几乎绝迹。我家附近原来有一家二手书店,店主是中学教师,读过很多书,极有见识,店里颇有些好书。每次去买书,总要先与他聊会儿天。付款结账时,他常会对我说:"这本好啊……这本意思不大,你也买?"有一次他给我推荐《湘绮楼日记》,可惜那天已经买了很多,拿不动了,遂放下。后来再想买,那家店已经倒闭了。到小的实体书店买书最大的乐趣是可能遇到懂行的店员或者店主。家附近还曾开过一家很小的席殊书屋,里面的店员叫小马,我去得多,他就记住了我喜欢看什么书。我一进门,他就会说又进了新书,有几本可能是我感兴趣的。书、书店一旦有了人情味,买书读书就成了生活必需。

说到报纸刊物,一直读的是《文汇读书周报》,读了20多年了。尽管现在它已不再独立发行,但依然订阅。《万象》《书屋》是从创刊号开始订阅的,不过前者已经停刊,后者换主编后不再看了。断断续续订阅的有《读书》《随笔》《南方周末》《儿童文学》《炎黄春秋》《新华文摘》《世界文学》等。在学校里还订了一些教育教学专业杂志。当罗列出这些报刊名字时,我忽然发现它们与书籍一起建构了我的精神家园。

关于读书,我写过不少文章,接受过多次访谈,没有新的想法分享了,只想重复说一句:把读书当作一件平常事。

人生短暂,知足常乐,不要弄得大家都很苦

教师月刊:你写给三年级父母的一封信,表面上是学科学习上的一些要求,实则融入了一位经验丰富的教师对教育教学独特的理解。你一定深深感受到家庭对一个人一生成长深刻的影响。请谈谈你的父母分别给你留下的精神财富,以及你对现在年轻父母的建议。

朱煜:先父是位深受儒家文化影响的工程师。因此,我从小生活在儒家文化的氛围里,生活方式、思维方式、说话方式等无一不受到影响。现在很多人以推广所谓的国学来学习传统文化,我看意思不大。文化不是学会的,而是在生活环境中熏陶出来的。先父学过五门外语,又在国外工作生活过,眼界自然比他的

同龄人开阔许多，见识也不一样。这对我又是另外一个角度的影响。这两方面的因素对我形成"通达开阔、将心比心"的教育教学理念起了很大的作用。

做父母的，一要注重孩子的习惯培养，二要为孩子营造良好的成长环境，两者至关重要。另外，刚做父母的年轻人需要学习，学习的途径很多，自己的父母、书本、专家等。但最重要的是回顾、自省自己的成长过程，否则，读再多的书，向再多的人请教，都不会得到最好的效果。比如，我们常可以看到这样一种现象：有些家长喜欢把自己没有实现的愿望寄托在孩子的身上。比如家长当初想学音乐，因为各种原因没有学成，于是就千方百计让自己的孩子去学音乐，丝毫不考虑孩子是否适合。特别是当孩子没有相关方面的天赋，学得很苦，不想学的时候，有些家长还会恶语相加甚至体罚，这就太不应该了！家长自己都不能掌握的技能，就先不要强逼孩子一定要如何如何。

经常回顾分析自己成长的过程，自己的童年，什么时候高兴，什么时候难受，原因是什么，然后就能慢慢形成一种潜意识，一旦遇到相似的情境，你就会自觉对照，将心比心，推己及人，采取正确的做法。特别是与孩子的意愿发生冲突的时候。

我记录过儿子发生在幼儿园里的一个小故事——

公开课后

昨天，儿子的班主任给他们上了一节公开课。课上，老师带小朋友们做游戏。老师扮演洒水车，小朋友们扮演行人。"行人"见到"洒水车洒水"就要立刻躲开。听张老师说，允成非但没有躲开，还说他的车窗关上了。玩第二次时，他依然这样做。张老师觉得游戏规则设计得不理想,而允成的行为正好揭示了这个"不理想"。我却不这么看。我觉得,允成的行为只能说明他在上课的时候太随便,只想着自己的意思,不按照老师的要求去做。为此,我和张老师展开了热烈的争论。最后谁也说服不了谁。因为我们的争论不是家长与老师间的争论,而是幼儿园教师与小学教师间的。同时,性别也是一个因素。

晚上,我跟儿子说起这件事情。刚开了个头,允成就兴奋地说:"王老师开洒水车,我们开小汽车,我开的是颐达(一款小轿车)……"

"你知道什么是行人吗?"我突然想到,也许他不知道什么是行人。

"不知道……就是开车的人啊……"允成回答。

原来如此。想来也难怪,儿子出门就坐车,很少有在马路上步行的经历。我们好像也没有给他解释过行人和驾车的区别。

理解幼儿世界之难,可见一斑。

我们都知道,走进孩子的心灵有多重要,但成年人要真正了解孩子,不是容易的事。此时,回想一下自己幼时的经历,特别是那些"傻事""不可思议"的事,一定能帮助你找到更多的养育之道。

教师月刊:没当父亲之前,你对教育的理解是否充满了更多理想化的色彩?当了父亲之后,是否转变或促进你对教育的理解,或者你对教育的理解是否多了一些人间烟火的气息?你从你孩子的成长中,获得哪些教育上的启发?你的孩子喜欢阅读吗,你如何进行指导？你肯定不会让孩子去读经班，但假如你的孩子实在不喜欢学校，不得不逃学，你会怎么办？自己在家教授？送到国外？你是否会为孩子的学业纠结、焦虑？

朱煜：对于教育的理解，我一直是务实的，从来没有理想化过。做父亲之前之后，对教育的理解基本一致。作为小学教师，工作中讲得最多的就是以学生为本，也就是要把学生当作人，当作活生生的生命个体来看待。在家里，养育儿子，同样也是这句话——把儿子当作人。也就是说，与孩子永远用心平气和、尊重的态度交流，在婴儿时期就应该开始。是的，真的要从婴儿期就开始，千万不要以为婴儿什么都不懂。有人说，中国是个没有儿童的国度。几千年来，中国人不把儿童当儿童，而是把他们当作小大人，或者当作小玩意儿。这种野蛮的痕迹至今还能在一些人身上看到。开心起来就逗弄戏耍，不开心起来就翻脸训斥。或者对着幼儿开一些无谓的玩笑，说一些无聊的蠢话。殊不知，这样的举动看似无关紧要，实际上对孩子心理成长会造成很不好的影响。把孩子当作人，就是客观地看待自己的孩子。孩子与孩子之间有着先天的差异。这是常识。如果父母在一个最好的时机孕育孩子，那孩子的天赋会好一些。反之，如果父母在优生优育方面做得不好，那么孩子先天的质量可能会差一些。先天的遗传因素对孩子的成长肯定会有影响。因此对自己的孩子必须有一个清楚的定位。不要因为看到别人的孩子在学音乐、学美术、学奥数……而盲目地让自己的孩子也去学这学那。应该先想一想，那些对我的孩子适合吗？我的孩子会喜欢吗？当父母的要清楚地知道孩子的优势，更要知道不足，"对症下药"才是正途。这对有些家长是难事。比如，我儿子的很多同学在课外，要上很多技能班。我们直到他念幼儿园大班时才给他报了一个轮滑班。一来，他运动能力不强，身体协调性不佳，需要锻炼。二来，他喜欢小汽车，看到有轮子的东西就产生兴趣。在报名前，我们带他去看别人上轮滑课，征求他的意见，他说喜欢，才报名。学习时间在暑假里，很热，但儿子学得很刻苦，常常是教练让大家休息了，他还提出要再多练一会儿，每次下课后衣服上都会留下白色的盐花。

说到培养儿子阅读，没有特别的做法，就是从小给他讲故事，读书给他听，与他交流读书的体会。儿子今年小学毕业，进了中学，出现了一些新问题，比如：学习负担重了，手机对阅读造成干扰等。有时会着急，但我会调整情绪。孩子成长过程中产生问题，都是正常的，要平和地一点点解决。有些客观问题很无奈，无法解决，那就想办法自我消解，而不能自我纠结。对于他的学业，我想得很清楚，能读书的话，就供他读，将来出国留学。如果不是读书的料，那就学门能养活自己的手艺。人生短暂，知足常乐，不要弄得大家都很苦。

教师月刊：关于现在一波波的家庭教育热以及浩如烟海的家庭教育书籍，你有何见解？你会去阅读时下流行的家庭教育类书籍吗？

朱煜：现在书太多了，除了自己特别喜欢的作者的书或者特别喜欢的种类，其他的都尽量选择经典作品读。现在坊间的很多家庭教育书籍，要么繁琐细碎，要么人云亦云，要么观点偏颇。

这类书，我最喜欢陈鹤琴先生的。语言通俗明了，见解深入通透且基于细致的儿童观察。我经常推荐给同行和家长。

热爱教育，首先是热爱生活的人

教师月刊：你喜欢美食，平时都是下馆子呢，还是偶尔自己也会下厨？有哪些美食给你留下美好记忆？

朱煜：我喜欢美食，但不会做饭。因为小时候吃过不少好吃的食物，成年后读了不少关于饮食的书，所以常在朋友圈里发表一些对食物的感想。美食可以是大餐，更是日常饭食。多年前，我在一个小摊上吃过一个贵州人做的"蚂蚁上树"，非常喜欢。每个星期都会去吃一次。10元一盆，粉丝劲脆，肉末喷香，还有一些贵州特色的配料。几个月后，那个贵州人回了老家。虽然后来在贵州出差时也吃过几次"蚂蚁上树"，但都不好吃。想来除了食物本身，心境不同也是一个原因吧。某次上作文课《味道好极了》，我对学生说，热爱美食的人是真正热爱生活的人，孩子们都笑了。我没开玩笑，真是这样想。一道普通的点心小菜，烹制得好，能让人记一辈子。一堂家常课上得好，会影响孩子的一生。

教师月刊：你喜欢旅游吗？有没有几次让你销魂的旅游？

朱煜：我喜欢旅行，已经到过十几个国家。但销魂的旅行还没有遇到过。印象较深的是去美国和欧洲。

有一次乘车去伦敦，途径一个小镇。吃了午饭，同伴问餐厅老板，有没有冰淇淋。老板说：你们远道而来，不要买我家的。隔壁那家祖孙三代做冰淇淋，比我做的好吃，你们可以买他家的。还有一次在德国，宾馆旁边正在盖房子。我看着5个工人开着机器，很轻松地干着，像搭积木似的，对德国的工业化水平有了深切的体会。类似小片段在我的记忆中有很多。旅行让我了解了世界，也更好地读懂了中国。

教师月刊：你喜欢运动吗？现在常做什么样的运动？

朱煜：我从小就不喜欢运动。现在是把日常的走路、骑自行车当作仅有的一点运动。

教师月刊：人生得一知己足矣。你的朋友多吗？请谈谈一些有意思或深藏不露的高手朋友，以及他们对你的影响或帮助。

朱煜：我不善交际，不喜欢应酬走动，所以朋友很少，没什么"人脉"。在当下，这是很落伍的。但我安于这样的落伍，因为有了足够的时间和空间做自己喜欢的事情。在数量不多的朋友中，有几位对我的帮助非常大。有的是我读书生活的同路人，为我打开阅读视野。有的是我业务成长的推动者。有的是教育圈内的，有的是教育圈外的。虽然从事的职业不同，但我们有相同的处世待人理念，我很感谢他们将自己的智慧分享给我。

教师月刊：你喜欢看电影吗？有没有哪些影片给予你精神上

的震撼或教育上的启发?

朱煜：电影喜欢看的。不过目前没有哪部电影让我感到震撼。现在真正反映社会生活的好电影几乎没有。我的想法可能比较旧了，总觉得好的艺术作品应该深刻地反映现实生活，让观众获得原来没有的感受和体验。不过，难忘的电影还是有的，比如多年前的《霸王别姬》，苏联电影《命运的捉弄》等。

2016 年 9 月 12 日

访谈：教师，在阅读中生存

采访者：刘青松

刘青松：您如何看待阅读在教师成长中的引领价值？

朱煜：阅读是教师职业特性之一，一名教师在整个职业生涯中应该以书为伴。这是常识。教师，特别是从事基础教育的教师，读书范围应宽泛一些。教育教学专业书要读，其他种类的书也要读，学生们喜欢读的书更要去积极了解。广泛的阅读能让教师的知识结构不断完善，身处信息爆炸的时代，学生学习知识的途径众多，教师只有靠不断学习才能与学生对话，才能胜任教育教学工作。原先的观念是，学生来学校是为了学知识，教师在学校里是为了教知识。这样的观点在当下看是有问题的，或者说是错误的。时代发展，社会进步，教与学的方式发生着前所未有的变革。因此不能再把学校单单视为发展学生的场所，而是应当作师生共同发展的地方。教师发展最基本的途径就是阅读。

阅读，能促使教师不断完善自身的精神世界，让教师获得持续向上向善向美的动力，从而更深刻地认识自身的价值，通透地观察、判断工作生活中的人与事。阅读，能让教师更清晰地认识教师职业的本质，在成为一名优秀的学科教师之前先努力成为一个真正的育人者。阅读，能开阔教师的视野，使教师获得更多的教育教学资源，教育教学策略方法，使教学更精彩，让课堂成为学生向往的地方。阅读，能促进教师获得实践性反思能力，及时审视总结自身的经验，发现不足。同时有效汲取同行的实践研究成果，完成教育教学改进。

刘青松：十位名师在阅读方面的共同特质有哪些？

朱煜：《迷人的阅读》一书的十位作者来自幼儿园、小学、初中、高中。虽然面对的学生不同，教育教学的任务不同，工作生活环境不同，但都爱读书。细究起来，会发现不少共同的特点。第一，十位作者都有较长时间的文学阅读经历，从个人精神家园的建设到教学实践，乃至著书立说，文学的力量都渗透期间。第二，十位作者都很关注历史思想文化批评一类的书籍。虽然他们绝大多数都教语文，但他们提及或推荐的书中，语文教学的专业书籍很少，多的是《资中筠自选集》《二十世纪的教训》《被禁锢的头脑》《积极生活》《万古江河》这样的书。这样的阅读背景使这些教师能够自由思想，具备了独立的精神，从而使其课堂洋溢着启蒙的芬芳。第三，对于自己感兴趣的领域，这些作者往往会进行系统阅读，并且钻研很深。由此不仅获得了知识，更是获得了做学问的方法。将此传授给学生，真是功莫大焉。

刘青松：教师可以通过阅读哪些领域的图书来提升自己？

朱煜：建议多读文学、历史、哲学等人文类书籍，用文学的美好滋养心灵，用历史的厚重培育判断力，用哲学的思辨发展思维，由此，教师便会慢慢获得良好的心态。教师日常的工作压力很大，良好的心态能让教师在工作中遇到困难时找到更多的对策。

建议经常阅读最新的教育教学理论，了解国内外同行的研究成果，拓宽视野，促进教师在教育教学中持续改进。通过一次一次成功的改进，获得职业幸福感。对于部分一线教师而言，阅读理论著作不是一件轻松的事，有些书也确实艰深。因此读这类书可用浏览的方式，了解作者的重要观点即可。这类书不必追求一下子全读完，有时间有兴致时可以取出来重读，每次选读自己感兴趣的章节，这样效果会好些。

建议多读与自己所教学科相关的书籍、刊物。教师工作的"主阵地"是课堂。了解并喜欢自己所教学科是上好课的前提，而且最好将其逐步变成自己的一种潜意识，一种职业敏感。这类书建议尽量读得深些，因为与自己所教学科有关，所以较之前述理论书籍，阅读障碍会少很多。读得越深入，对学科的认知就越明晰，对于日常教学工作的帮助会越大。比如小学语文课本中有不少选自于经典名著的课文，教师如能对原著及相关重要的评论著作比较了解，那么课堂教学肯定会新意迭出。

刘青松：当前教师阅读的现状如何，能否提几点建议？

朱煜：现在，越来越多的教育局长、校长意识到阅读对教师专业发展有着至关重要的作用。越来越多的教师通过阅读大获裨益。各种各样的教师阅读推广活动开展得如火如荼。不少地区甚至对教师阅读做出了制度化的要求。在此局面下，再细细考察一下教师阅读状况，依然可以发现一些问题。比如，对教育教学专业书籍开展系统阅读的比较少见，对经典教育理论著作的深度阅读比较少，围绕专题研究开展的专题阅读也比较少。造成这些问题的原因很多，比如教师日常工作强度很大，缺乏专业阅读指导等。

  针对这一现状，我的建议是，教师的专业阅读还是要依靠学校来组织实施，不然成效不会太好。学校开展专题读书活动，组织教师深入阅读教育经典名著，比如苏霍姆林斯基、陶行知、陈鹤琴等人的著作。这些大教育家的著作虽然记录分析的是几十年前的教育教学现象，但总结的观点规律却有着极强的普适性。很多观点放在当下，一点也不落后，甚至仍属超前。认真读透一本经典，远胜于读许多杂牌书。此外，学校组织教师阅读活动时，应该充分考虑到本校教师的特点，并且将读书活动与教师日常工作实践结合起来。比如阅读与作业设计有关的书后，可以组织教师开展作业设计评比活动。阅读与教学方法相关的书后，可以组织教师撰写案例，运用书中观点分析自己的课堂。总之，要帮助教师感受到读书是有用的，是有利于帮助自己认识教育教学规律，改进课堂教学的。

讲演：孔子是我们的同行

引言：孔子是谁

各位老师下午好，刚才我上了一堂特别的课。我为同行做讲座不少，上公开课也不少，但是给同行用上课的形式讲《论语》，是第一次。永通兄希望我在这次活动中给大家讲讲孔子，我接受任务后就一直在想，用什么形式呈现，怎么讲才能让20多位老师都有发言的机会，最后决定用小组合作的方式。从刚才的课堂效果来看，我的选择是正确的。因为我一个人所提供的信息、观点毕竟有限，大家一起交流，信息量就大了很多。在刚才的课堂交流中，我与大家一起学习《论语》，一起体悟孔子。在课堂上，我并不是一名教师，我只是一次读书会的主持人。课堂上，每个小组的发言都很精彩，尤其是那些来源于教育教学实践的案例，老师们讲得太好了，那样鲜活，又与古老的《论语》产生了密切的关联，这样的感觉真是太奇妙了。我想，在台下听课的各位老师听了刚才台上老师们的交流，也一定有不少收获和启发吧。

下面，我向大家汇报我读《论语》的感受，题目叫"孔子是谁"。我在念初中的时候，因为喜欢传统文化，所以自己买了四书五经来读，是上海古籍出版社出的，影印本，字小行密，读起来很费劲。最早读的就是《论语》。我在好几篇文章里都提到过，我父亲在我小时候经常说："己所不欲，勿施于人。己所欲，也勿施于人。"这句话成了我读《论语》的敲门砖，一把钥匙，一个基本的路径和方法或者说是一个阅读策略。孔子说过，己所不欲，勿施于人。可我父亲却告诉我，己所欲，也勿施于人。这真是很重要的一种观念。几年前，听复旦大学的汪涌豪教授的讲座，他也这样说。当时，竟有些激动呢！

我喜欢读书，所以经常有人叫我推荐书。其实，为别人贸然开书单，推荐书是我最不愿意做的事情。因为己所欲，也勿施于人。你喜欢看的书，别人不一定喜欢。别人喜欢的书，你也不一定知道。所以推荐书是件很难办好的事情。某知名网站已经连续两年寒假暑假邀请我和一些朋友为小学生推荐书目。前几天他们又找我说，快到寒假了，你再推荐一些书目。说实话，我有点害怕了，我已经推荐4次了，我的阅读量再多，终究也是有限的。而且现在童书多，我又看得少，自己没读过，怎么好去推荐。说这个例子，无非想和大家说一个意思，就是孔子虽然生活在两千多年前，但实际上离我们不远。他的很多言论，对我们而言依然是很有价值的。

一、孔子的生平

我们先来回顾一下孔子的生平。

孔子3岁时失去父亲，17岁时失去母亲。孔子的父亲叫孔纥（叔梁纥），身体强壮，当过武官。有一次，孔纥所在的军队攻入一座城池。守城的士兵放下闸门。眼看入城的先头部队要被隔绝在城里，孔纥立刻用手托起闸门，让先头部队退出城去。孔子的母亲不是他父亲的原配。两人结合时，岁数相差几十岁，这在当时是不合礼数的。所以孔子的父亲死后，孔子母子在整个家族里便不受待见。孔子的母亲去世后，孔子想将父母合葬在一起，却不知道父亲葬在哪里。后来费了一番周折，才打听到他父亲的安葬地点，把母亲和父亲葬在一起。孔子的祖先是宋国的贵族，宋国的君主是商朝君主的后代，宋国都城在河南商丘。孔子19岁结婚，20岁生子，他的孩子生下来时，鲁国国君送了一条鲤鱼表示祝贺，他就给儿子起名叫孔鲤。

孔子在34—35岁之间做了两件很重要的事情。第一件事情是去洛阳拜访老子。老子是当时的国家图书馆的馆长。孔子向他请教周礼是怎么样的。孔子生活在一个战争频发、礼崩乐坏、王纲解纽的年代。西周初年，周公所创立的各种制度和人的行为准则被一一破坏。在鲁国出现了国君没有实权，甚至被自己的大臣们赶走的事。不过大臣也好不到哪儿去，有时候他们会被自己的家臣要挟，失去权力。这真是君不君，臣不臣，父不父，子不子。孔子对这样的时代深恶痛绝，他一心要恢复周礼。

据说孔子小时候特别喜欢看别人祭祀，对整个祭祀的操作流程非常熟悉。所以当时很多人举行祭祀活动遇到不清楚的地方，就向他请教。在那个时代，祭祀是极为重要的政治、社会活动，所以熟悉祭祀礼仪的孔子很快成了名人。另外，孔子很博学，这也是他出名的一个重要原因。孔子曾经对学生说，自己没有机会做官，但因此有时间学会了各种本领。孔子还曾谦虚地说，自己没什么本事，只会赶车而已。

关于祭祀，在这里不妨多说几句。我是土生土长的上海本地人，我们对祭祀这件事依然是很重视的。到了家族祖先的忌日、除夕、冬至等日子，我们一定要在家里举行祭祀活动。祭祀的过程非常复杂。我母亲会烧一桌好菜，通常是四荤四素。菜放在八仙桌上，桌子两边放上酒杯、筷子。点上蜡烛，再上香。用香把先人请进家门，点蜡烛是让先人可以在光亮中用餐。然后冲泡糖水，以水代酒。在一个个小杯子里加糖水时，母亲会再三提醒你不能碰到凳子和桌子，因为祖先都已入座。在整个过程中，要加三次糖水，正所谓"酒过三巡，菜过五味"。加一次"酒"要给他们磕一次头，按照顺序，先男后女，先长后幼。三次"酒"加完，烧锡箔。母亲先在地上画出数个白色的圆圈，每个圆圈里放上数量不等的锡箔。一边烧，母亲还会念念有词，提醒先人们来取"钱"。小时候，我们都觉得祭祀过程很麻烦，特别是对祭祀中的种种繁琐的规矩实在没有好感。不过，现在对家族祭祀的感受已经完全变化了。

孔子生活的年代，社会经济不发达，生产技术也落后，人要吃饱肚子活下来，特别需要家族团队合作，需要从先人、父兄那里学到生存技能。你孤单一人，没有办法活下去。所以，孔子讲"慎终追远"，重视"孝悌"，这是很有道理的。孝道、敬仰先人，这些观念通过家庭教育，通过祭祀仪式传播给一代又一代人。这些观念是构成中国人精神世界的重要部分。祭祀仪式实际上是一种教育过程，让参与其中的孩子慢慢变成文化意义上的中国人。现代人清明节去祭扫，重阳节去敬老，中秋节家人团圆，这些日常生活，其实都是重要的仪式，我们靠这些仪式来传承温柔敦厚的传统。看似繁琐的规矩，能让人心生敬畏，敬畏之心不正是这个时代最需要的吗？

孔子在这个时期做的第二件事是去了一次齐国。在齐国听到了韶乐。韶乐是起源于5000多年前的宫廷音乐，它将诗歌、舞蹈、音乐整合在一起。夏商周三代的君王都把韶乐当作国家举行重大典礼时的用乐。韶乐传入齐国后，有了革新与发展。孔子听后，三个月不吃肉。这乐声真是太美妙了。孔子喜欢音乐，喜欢诗歌。他应该能演奏乐器，只是演奏的是什么，我们不得而知。不过，一个有音乐、诗歌素养的教师对于学生有多重要，我们是可以想见的。我猜，孔子应该会经常与学生说说诗歌的，高兴起来，也应该会让学生们敲敲打打，弹奏一首曲子。

孔子去齐国，当然不是只为了听场古典音乐会。那时鲁国发生了叛乱，国君鲁昭公讨伐贵族季孙氏失败，流亡到齐国。孔子看不下去，就来到齐国，想找机会做官，实现自己的理想。可是齐景公对他说，自己老了，干不了什么事情，不能任用孔子。加上当时齐国有人想加害孔子，孔子只好逃回鲁国。

孔子在36—50岁之间，一直在家乡教书。虽然他还是想做官，但没有机会。一直等到51岁时，机会终于出现了。当时鲁国国君鲁定公让孔子当上中都宰，也就是首都市长。据说任职才一年，就把首都治理得很好。于是孔子升职了，当上了司空。后来又升为司寇，相当于司法部长。孔子进入了鲁国政治中心，他决定削弱把持鲁国朝政的三家大贵族的势力。最后，他成功拆除了两家贵族的城堡。孔子的成功，引起了齐国的担心，怕鲁国强大了对自己不利。于是他们使用离间计，让鲁定公不再信任孔子。孔子只好辞职，带着学生周游列国。

经过14年的颠沛流离，孔子最后还是回到鲁国。人已老迈，一事无成。孔子69岁的时候，他唯一的儿子孔鲤死了。白发人送黑发人,这对孔子的打击很大。71岁的时候,孔子最得意的学生颜回死了。在外人看来,颜回聪明刻苦积极,几乎就是一个小孔子。在当时,孔子活到那么大岁数,绝对是长寿老人,抽时间将自己的观点、言论编辑成册,流传后世,应该不难做到。可他没有那么做。《论语》是他去世后,他的学生编纂而成的。有人猜测,孔子可能原想让颜回为自己整理著作,没想到,颜回竟死在自己前面,所以孔子非常痛苦,大声哀叹,说老天这是要杀死他啊。对一个老人而言,后继无人实在叫人绝望。

孔子72岁的时候,与他最亲近的学生——子路也死了。子路本在卫国做官,后来参与了卫国的内乱被政敌杀死,还被剁成肉酱。消息传到鲁国,孔子马上让人把家里的肉酱都盖起来。卫国就在今天的河南濮阳。孔子特别喜欢去卫国,在卫国待的时间很长,甚至在那里做官。子路的死对孔子而言也是重大打击。子路与孔子相处三四十年,是孔子的早期学生。他们感情非常好。经历了这些打击后,孔子在73岁时去世了。

二、孔子的衣食住行

接下来,我们了解一下孔子的衣食住行。孔子真的是很讲究礼仪。孔子认为衣食住行也是有礼的。

他说,"齐,必有明衣,布。齐,必变食,居必迁坐"。意思是斋戒时,必须沐浴更衣,食物必须改变,居住的环境也要改变。

他说,"割不正,不食。不得其酱,不食。肉虽多,不使胜食气。惟酒无量,不及乱。沽酒市脯不食。不撤姜食。不多食。

祭于公，不宿肉。祭肉，不出三日，出三日，不食之矣。食不语，寝不言。虽疏食菜羹瓜祭，必齐如也"。意思是一块肉切割不端正，不是四四方方的，他不吃。酱调得不好，他不吃。可以喝点酒，但不能喝醉。在市场上买来的酒和熟肉，他不吃。食不言，寝不语。哪怕是用蔬菜瓜果祭祀祖先，也必须完全按照礼仪规矩做好。如果坐在家里，席子不正，孔子不坐。乘车出门，手一定牢牢拉着车上的绳子，人站得笔挺。在车里不会四处张望，拼命说话，不会用手指指点点。

这些生活小细节，孔子认为都是很重要的礼仪。说到这里，我忽然想起刚当教师的时候，有一次学校里举办一个大型教学活动，邀请了很多领导、同行。那时候，贾志敏老师是校长，他对我说，你去看一下还有哪些嘉宾没有到。于是，我跑到嘉宾席旁，悄悄地伸出手指数着。正好被贾老师看到了，他赶紧说，不要用手指。当时我一下子明白过来，脸涨得通红。用手指人，是极不礼貌的。

还有一次，是在一个冬天，我和儿子在一个小饭馆里吃饭。外面寒风呼啸。一个顾客吃完饭，出了门，没有随手关门。我对儿子说："冬天，进进出出时一定要记得随手关门。开门关门时一定要往后看看，是否还有人在。我们来看看，今天有多少人没有养成随手关门的好习惯。"于是我们一边吃饭一边注意着店门。令人遗憾的是，十人之中，起码有八个人是没这习惯的。问题出在哪里？我想，家庭教育、学校教育、社会环境等都出问题了。现在很多学校都在让小学生读《弟子规》《论语》，希望学生读过这些书后，能获得传统文化的滋养。这话说得太宽泛了。我看，首先要学习的应该是日常生活中如何处事待人，如何讲究礼仪。

光让学生读古籍，他们是学不会礼仪的。要靠教，还要靠练，练了才能成为习惯。我举一个自己的例子，我儿子小时候，我对他说，如果提前吃完饭，要离开餐桌，那么必须得向同席的人说一声"我吃好了，你们慢慢吃"。一开始，儿子常忘记说，每次忘记，我就提醒他。慢慢的，习惯就养成了。《论语》，这么古老的一本书，我们到底要从中学到什么，第一个就是温良恭俭让。我们要将温良恭俭让变成自己的行为方式和思维方式。经过几千年的儒家文化的熏陶，中国人本来是很"温良恭俭让"的，但后来这样的好性情消失了。所以我们要把它重拾回来。刚才上课前，有一位老师给我倒了一杯水。我上完课喝了一口，已经凉了。过了一会儿，我准备开始讲座，想拿杯子喝口水时，发现已经有老师给我加过水了，是温的，不凉了。我想，这就是体贴，这就是推己及人。这就是"礼"的最好呈现。

《论语》中说，"子温而厉，威而不猛，恭而安"。还说，"子所雅言，《诗》《书》执礼，皆雅言"。意思是，孔子看上去威严但不凶猛，恭敬安详。读到这句话时，我的脑海里不知怎的，就浮现出一个质朴的山东老汉的形象。孔子会说雅言。他在念诗时，读书时，主持仪式时，都说雅言。雅言是当时的官方语言。在这些正式场合，孔子是不说土话、不规范的话的。那时的雅言是怎样的呢？我很好奇。会不会有点像现在的福建客家话或者广东话。

读了以上这些句子，我们是否会情不自禁地说，孔子真是一个文雅有教养的人。我又要忍不住说到现在的中国人了。当下经济发展，收入增加，出国旅行是很常见的事了。于是，各种关于中国游客不文明的报道也时常出现在各种媒体上。国家旅游局都在呼吁大家要文明出游。我常想,一个礼仪之邦,国民的素养怎么会变成这样了呢?我们已经有了太多的高科技,可是在基本礼仪方面,我们怎么会连两千多年前的古人都不如了呢?

三、孔子的观点

儒家学派的基本观点在《论语》中讲得清晰明了。学生问孔子,什么是仁?他说,就是爱人。老师们,我们静下心来想一想,这话是在两千多年前说的,太震撼了。

好多年前,我看过一部电影:《阙里人家》。讲的是孔子的后代们在新时期里的故事。有个镜头,我印象很深。著名表演艺术家朱旭先生扮演的祖父为孙子讲解什么是"仁"。他说,仁就是处理人与人关系的学问。人与人应该如何相处呢?很简单,就是爱别人,尊重别人。

曾子曰:夫子之道,忠恕而已。忠是对别人说的,忠于自己的职责,忠于别人的托付。恕就是己所不欲,勿施于人,就是将心比心。孔子说刚正坚毅,不巧言善辩、夸夸其谈,你就能成为仁者。仁是一个很大的概念,也是很小的概念,比如,在家庭生活中,仁就是孝道,就是尊敬兄长。还要言而有信,关爱周围的人。如果还有余力,就再学一点文化知识。用孔子的话就是:"弟子入则孝,出则悌,谨而信,泛爱众,而亲仁,行有余力,则以学文。"怎样才能做到上述这些——孔子提醒我们要克己复礼。每个人心中都有善与恶,要不断克制住心中的小恶,才能发扬好内心的大善。

有人问孔子,礼的根本是什么?孔子说:"大哉问。礼,与其奢也，宁俭。丧，与其易也，宁戚。"意思是，礼是很大的学问。但与"仁"一样，在日常生活中也是随处可见。比如，举办仪式时，不要铺张，不要大操大办，这都是符合礼的。我们之前反复提到孔子对各种礼仪的重视，但千万不要误以为孔子喜欢繁琐复杂，不是的，孔子也讲究简洁明了。孔子追求的不是抽象的繁复的礼，而是与人的身份相一致的礼，也就是社会上每个阶层的人都应该遵循的礼仪，做应该做的事，说应该说的话。各安其位，天下才能太平。有一点要强调一下，孔子的时代，礼崩乐坏，所以孔子非常强调等级观念。但是时代走进21世纪，我们必须看到，等级制度会带来极大的社会不公。作为现代人，作为教师，我们需要传递给学生的是民主平等的意识。

《论语》中论及君子与小人的地方很多，可见，孔子是非常重视"君子"这个命题的。懂得"仁"和"礼"，才能成为君子。孔子被后人称为圣人，但孔子自己从来没说过自己是圣人。孔子活着的时候，他的学生说孔子是圣人。孔子急忙反对，说，"我根本不是圣人，不要这样说"。不过，孔子死后他的学生们纷纷把他当作圣人，各朝各代的统治者需要拿儒家学问作为统治国家的工具，装点门面，更是将孔子封为圣人。可大家要知道，孔子真的没有说过自己是圣人，他一直希望自己成为君子。

我从《论语》中摘录了一些"君子与小人"的观点，现在读来，依然有启发——

子曰：君子食无求饱，居无求安，敏于事而慎于言，就有道而正焉，可谓好学也已。

子曰：不知命，无以为君子也。不知礼，无以立也。不知言，无以知人也。

子曰：君子不器。

子曰：君子矜而不争，群而不党。

子曰：君子坦荡荡，小人长戚戚。

子曰：君子上达，小人下达。

君子就是有贵族精神的人。在孔子生活的年代，贵族精神已经没落，甚至成为被嘲笑的对象。因为有些人认为，贵族精神认死理，不变通，占不到便宜。可是，换一个角度看，大家有没有觉得当下的中国人太会变通，太不讲究规矩规则了，做人做事太马虎了。我觉得，这是场大灾难。没有规则，没有法制，世道不是乱套了吗？刚才上课时，我在第一小组交流结束后，提醒后面的三个小组一定要按照既定交流顺序操作。这就是程序，这就是规则。如果不强调，那么说到最后，就全乱了。我们平时让学生开展小组合作学习，首要的不是学到多少知识，而是体验团队学习时的规则意识。课堂上的这些小细节，在我眼中，绝对不是可有可无的，而是极为重要的。

孔子认为，一个君子，看到别人的长处，就会上前求教。他认为，君子是知天命的人，不会违逆天命。孔子的意思是要看破天命，认命，不认命不行。前段时间，我在网上看到一篇文章，作者原在农村学校教书。后来经过努力来到一座大城市，成为出色的小学教师。他在专业上对自己有要求，两次想参加全国教学大赛，花费很多心血，可是天不遂人愿，都因为各种客观原因没有成功。我想，这大概就是命吧。正所谓谋事在人，成事在天。

孔子说，不知礼，没法在这个社会上立足，不懂得辨别别人的话，就看不清对方是怎么样的人。从这句话，就可以看出孔子是个敏感的人，这应该与他不太如意的童年生活经历有关。

君子不能把自己当作一个器物，比如，今天各位在这里听了两场报告，分享了很多老师的观点与实践，你千万不要只是机械地接受，不要把自己当成一个装别人思想的器物，而是要有所思考才好。

孔子说，君子应该是坦坦荡荡的，而小人经常是卑微怯懦的，总好像有什么心事。我想，君子的坦荡是见识高明，学养深厚的外显吧。教师每天面对学生，几十个孩子看着你的神色，看着你的举止，教师的精神状态如何，是教育中极为重要的一件事。我们虽然做不到君子那样，但呈现给学生一个阳光、积极的状态，还是可以做到的。

君子与小人的命题，已经成为中国人价值判断的核心要素，值得我们经常找出来，读一读，温故而知新。

四、像孔子那样教学生

以教师身份读《论语》，我读出四个关键词：有教无类、毫无隐瞒、因材施教、循循善诱。

孔子生活的年代，教育不能普及，好多人连人身自由都没有。所以孔子提出有教无类，各种各样的学生都可以教，是很伟大的。

第二个是毫无隐瞒。孔子对学生很坦诚，把学生当作自己的孩子，他说："二三子以我为隐乎？吾无隐乎尔。吾无行而不与二三子者，是丘也。"意思是说，我对你们一点没有隐瞒，如果我对你们隐瞒，我就不是你们老师，不要以为我有东西瞒着你们，我把自己的东西全教给你们了，把我对你们的判断全说给你们听了。

《论语》这本书有一个很大的好处，就是真实。透过那些古老的文字，我们好像真的能感受到孔子的音容笑貌。书中甚至连孔子骂人的话都记下来了。孔子的学生宰予能说会道，可是有点懒惰。有一次，宰予白天睡大觉，孔子发现了，就说："朽木不可雕也，粪土之墙不可圬也！于予与何诛？"意思是，宰予你就是一堵用大便扶起来的墙。现在哪个老师会这样评价学生？孔子很有趣，他就这么讲了，别人还记下来了。

第三个是因材施教。这不是孔子自己说的，是后人读了《论语》提炼出来的。孔子对学生观察很细致，对学生的特点清清楚楚。所以他跟学生说话，往往是针对学生的具体情况，同样一个话题，面对不同学生，会有不一样的说法。这就是小班化教学的好处。现在很多学校班额很大，五六十个孩子挤在一间教室里，教师要细致入微地关注每个孩子，并有针对性地教学，几乎是不可能的。不过，孔子的教学实践还是可以给我们带来启发的。比如，我们可以组织有效的小组学习，老师无法具体指导每一个孩子，但深入一个小组还是可行的。

第四个是循循善诱。孔子很懂得学生的学习规律，他知道，学一样知识、发展一种能力，教一次两次是不行的，必须举一反三。他说："不愤不启，不悱不发。举一隅不以三隅反，则不复也。"颜回是非常善于举一反三的学生，所以孔子特别喜欢他。颜回说："夫子循循然善诱人，博我以文，约我以礼，欲罢不能。"这样的话，可见师生相知。子贡还说，颜回听到了一，就知道了十。而他自己听到一只能知道二。

讲到举一反三,孔子还有一个意思值得我们注意,他说,如果一个孩子不太会举一反三,就难教了。孔子是一位伟大的教师,但绝不是一位无所不能的教师。有些学生光靠教师一方是教不好的。对此,孔子有很现实的认识。当下的教师承受着诸多压力,其中一条就是,很多人认为,只要把孩子送到学校里,教师就能把他教好,也应该把他教好。但在教育问题上,很多时候,家庭教育的影响力要比学校教育大得多。有一种说法叫"五加二小于七"。意思是,五天的学校教育,如果遇到不佳的两天家庭教育,效益会大打折扣。

说完了怎么教,我们再来说说怎么学。这是学生的事,更是老师要关注的事。

第一个是群学意识,乐学为先。孔子说,"三人行,必有我师"。我们是不是可以将"三人"理解成一个学习小组,一个学习团队?孔子讲究互学互助。在信息爆炸的时代,团队的作用更是体现在社会生活中的方方面面。学习、工作,都需要依靠团队,才能获得更大的成绩。孔子还说,"知之者不如好之者,好知者不如乐之者"。有了兴趣才能乐于学习、主动学习。

第二个是博学于文,多闻阙疑。孔子认为,要博学,要善于发现问题,提出问题,这是学习的好方法。学会质疑,就是学会了独立思考。教会学生独立思考,就是让学生获得了思辨力,这对学生的终生发展大有好处。

第三个是复习思考,记忆联想。孔子说,"温故而知新,可以为师矣""学而不思则罔,思而不学则殆"。孔子提醒我们,要经常复习,经常思考,要注意知识的贯通,不要死读书。这是符合学习规律的。

第四个是毋意毋必，毋固毋我。孔子说，学习时有四件事情绝对不做。面对学问，你可以去设想可以提问但不要去乱猜。不要固执地坚持自己的意见，应该多听别人的说法、建议，不要主观臆断。

一口气说了这么多条条杠杠，下面举几个例子说说我的体验。

我现在教五年级。这个班的一至四年级不是我教的。开学不久，我布置了一项作业：写篇日记。有一个学生这样写：

今天老师叫我站起来读古诗，我读得很好，比张嘉欣还要好。老师说我比他聪明，但后来我又被他反超了。

五年级的孩子写这样一篇日记，说明这个孩子的学习基础是相当弱的。面对这样的孩子，你会怎么办？批评他，叫他重新写？把他家长找来谈话？这些都不是好主意。我给他留了一条评语，是这样写的：虽然你只写了一句话，但是句子通顺，字迹工整。只要你听我的话，我就传你一道"法术"，让你一口气能写出200字。大家听到这儿，都在笑。是不是觉得我的评语很滑稽很好玩。这样的评语有用吗？我告诉大家，从此，这个孩子听课认真起来了，因为他感受到老师的亲近，老师的善意。当然有的时候他还会开小差，但只要一提醒，就会改正。现在三个月过去了，每次日记他已经能写到100多字了。我相信到放寒假的时候，他可以写到200字的。这是比较弱的学生。

我也遇到过强的学生。上个年度，我也教五年级。那个班是我从四年级开始教的。教到五年级，学生的语文能力已经很强了。每天给这个班上课绝对是一种享受，因为他们总是让我在教学中获得各种惊喜。临近学期结束，我说：我给你们上一节作文课吧，并且把它拍摄下来，留作纪念。那次上的是《生活中的小镜头》，很多孩子在课堂上就写出了很精彩的习作。念一篇给大家听。

　　那天我犯了错误，被罚不能吃晚饭。我只好待在房里，听着爸爸妈妈收拾碗筷，端上了菜。我紧张地听着。"三文鱼真不错。"我顿时愤怒了，为什么偏偏是今天犯错误。再一听，楼下传来了响亮的啧啧声，我忍不住了，悄悄地下了楼。只见爸爸妈妈的面前放着一大盘新鲜的三文鱼，他们小心翼翼地夹起一片鱼肉放到眼前，仔细端详，让三文鱼在灯光之下散发出诱人的光芒。然后满足地眯起眼睛，好像在对着一个看不见的评委表演。我往前探了探身子，只见妈妈不急不慢地把鱼肉塞进了嘴里，用力嚼了起来，嚼得啧啧有声。最后，还大舒了一口气，大声说："入口即化。"而爸爸正在对着空气挤眉弄眼，一下子就把鱼肉吞进肚里，那声音简直是像上了天堂。我看得愈发生气，躲在墙角生闷气。过一会儿，再一看，他们已经把三文鱼干光了。

　　那天，我把学生当场写的作文纸都收藏起来。这就是好学生。

　　也还是这个班，在上那节作文课之前，我给他们上了《穷人》一课，这是托尔斯泰的作品。课上完，我写了一段笔记，记录下孩子们在课堂上的光彩，读给大家听一听：

今天用文学欣赏的法子上《穷人》，教欣赏的方法，继续用板书引导铺垫，然后平等自由地交流。课上到最后，学生抢着说阅读体会。张琳洁说，她注意到课文第一节中写到桑娜的小屋温暖而舒适。一方面说明桑娜很能干，另外也说明他们夫妻很善良，因为善良，所以家才温暖。同时也暗示我们故事最终会是一个好的结局——邻居家的孩子被收养。

也有学生注意到最后一句话——"你瞧，他们在这里啦。"一个孩子说，这个"啦"字写出桑娜在对丈夫撒娇。另一个孩子反驳说，"啦"字写出了她的开心。因为自己没有说要收养邻居孩子的事，而丈夫主动说了。第三个孩子说，"啦"字也写出了夫妻俩想法一致，一样善良，桑娜为有这样的丈夫很开心。

如果托尔斯泰听到一群中国孩子对他的作品有以上这些讨论，应该会很开心吧。

面对这样的学生差异，我们应该怎么做？我想，首先，要鼓励。用鼓励增强学生的自信心，用鼓励让学生看到美好的愿景。经过我的鼓励，刚才那个写一句话日记的孩子，如今已经成为我上公开课的好帮手。每次我上公开课，他都特别专注。每当别人回答不出问题时，他总能举手发言，说出质量很高的答案。有同事问我，怎么转变这个孩子的。我说，很简单，就是拼命鼓励。当然具体操作起来，又不简单，因为孩子会有反复，你得花时间耐心地琢磨，时不时地变化鼓励的方式。其次，你要教。弱的孩子，要教。强的孩子，也要教。不要以为，上《穷人》时，那些精彩的发言是孩子们天生就能说出来的。不是的,那是反复教了之后,学生学会了如何去读一篇好文章,然后才能说出自己的感受。有一次,我教巴金的《繁星》。我对学生说,好文章中常有一些看似不合理的句子,但往往又具有深意。然后引导学生通过小组合作,用学过的方法寻找这类句子并质疑。一个学生说:"静寂的夜"应该是听到的,作者为什么说是看到的?一个学生说:"星光微小","光明无处不在"是不是矛盾了?于是,我就顺着学生的提问教下去。学生发言前,我并不知道他们会说些什么,因此,当听到上述发言时,我很惊喜。好好地教,经过一段时间的积累,学生就能学会,就能让老师越教越开心,越教越轻松。当然,教基础好的孩子,教基础差的孩子,方法是不一样的。

举了这些例子,我想说明的是,孔子的教学方法,今天依然有用,值得我们好好学习,好好体会,好好实践。

五、孔子的价值

孔子除了是一位伟大的教师之外,还是当时学问最大的人,是当时重要的社会批评家,他开启了百家争鸣的新风。但他很谦虚,总是很低调地评说自己,《论语》中有这样一些句子:

太宰问于子贡曰:"夫子圣者与?何其多能也?"子贡曰:"固天纵之将圣,又多能也。"子闻之,曰:"太宰知我乎?吾少也贱,故多能鄙事。君子多乎哉?不多也。"

牢曰:"子云,'吾不试,故艺'。"

子曰:"默而识之,学而不厌,诲人不倦,何有于我哉?"

教师要诲人不倦，就必须学而不厌。

教师是一个特殊的职业，因为教师必须不断学习，干到老学到老，不停地研究学生，不停地研究教材，不停地研究教法，让自己的职业生涯与人生历程融合在一起，这样才能在教学过程中体会到幸福感和成功感。诲人之所以不倦，我想，主要就是感受到教书育人的幸福吧。这是我的职业体验，分享给诸位。

孔子其实离我们很近。孔子说，君子要成人之美，不成人之恶。君子不以言举人，不以人而废言。这个话说得多好。他说，如果大家都很喜欢某个东西、某个人，那就要去想想原因。如果大家都很讨厌某个人、某个事物，我们也要想一想原因，而不能随便从众。这是孔子告诉我们的认识和判断事物的方法。孔子说，君子总是寻找自身的过错不足，会反思，而小人不会反思，总找别人的原因。这些观点是不是很熟悉？

我觉得孔子的最大价值是，他给后人留下了很多启迪，这些启迪在一代又一代的中国人身上流传，成为民族文化特征。

孔子让我们这些21世纪的教师明白，教书要有济世情怀，悲天悯人。在日常教育教学工作中，我们会遇到一些特别的孩子，可能是比较调皮的，可能是学习成绩不佳的，千万不要嫌弃他们，多多发现他们的优点长处，帮助他们健康成长。有的老师会说，我们也懂爱学生的道理，但是你跟这些调皮的孩子相处一天还好，朝夕相处，就不行了，一会儿违纪了，一会儿有人来告状了。实在爱不起来，眼睛里看到的全是缺点。这种心情我能理解。不过，之前就说过，教师是一种特殊的职业，面对这样的学生，教师得忍得住、熬得起，耐得住反复，一旦熬过忍过，找到教育的方法，前面就是坦途。

教书要有古道热肠，赤子之心。没有赤子之心，你就走不进学生的心灵世界，你就无法与他们诚挚沟通。面对教育教学问题，你就无法找到最佳的解决方案。

教书要一心向学，勤练技艺。时代走得太快，我们有太多的新知识要学，有太多的新技能要掌握。我们还要勤练教学基本功。每个学期认真阅读领会课程标准，学习同行的好经验。每个月上一两节研究课，每节课后，坚持写教学反思，不断实施教学改进。每天都抽出半个小时读点书，做点笔记。听上去，好像很辛苦，但只要你将其变成习惯，你就会受益无穷。我就是这样做的。

最后推荐几本与孔子、《论语》有关的书给大家。杨伯峻先生的《论语译注》，这是读《论语》的入门书。李泽厚先生的《论语今读》，李先生是思想家，思想家评点《论语》，视野宽阔、见识非凡。李零先生的《丧家狗》中能读到很多文献资料以及考古新发现。读起来，很有趣味。钱穆先生的《论语新解》也值得一读。钱先生是国学大家，无限热爱着中国传统文化。他的解释能让人读出温情。傅杰教授的《论语一百句》是一本小册子。书中每篇文章都写得极漂亮，而且信息量非常大。大家读后，就会知道傅先生是在用互文的方式解释论语。李长之先生的《孔子的故事》，李先生是文学评论家，写过最早的鲁迅评论。他写的孔子故事文辞简洁文雅，几乎每一句都有出处。钱宁先生的《圣人》是以孔子为主人公的小说，也是言必有据，写得很精彩，让人读着读着就有穿越之感。

听我讲了一个多小时，让我们回到这次讲座的题目：孔子是谁？

孔子是一位和善有个性的乡间老人，是一位博学善教的民办教师，也是一位壮志未酬的退休官员。从某个角度看，他是个悲剧人物，一生没有实现自己的理想，最终孤苦死去。从汉朝起，历朝历代好像都是以儒治国，可实际上，皇帝们真正采用的是法家的那套东西。孔子的时代一去不复返，他的政治理想治国理念已被封存在厚重的历史中。我们读《论语》，要学的是将心比心、推己及人，要学的是学而不厌善待学生，要学的是纵有重重困难，却不忘初心，要学的是活出真性情，做一个真实的人。

读孔子，不泥古，做好现代人。

谢谢大家。

跋

这是我的第三本教育随笔集。也是 2011 年之后，我在大夏书系出版的第九本专业书。感谢大夏书系给予我这份荣光。感谢朱永通君的精心策划及对我的严重拖延症的容忍。

三本随笔集都谈我的教育教学理念，但又有区别。《讲台上下的启蒙》谈的是我对教育教学的基本认识。《教书记》是尝试用一种新文体来谈理念，想让读者在了解观点的同时，感受我对文章之美的追求。而这一本则谈得更全面更深入。从教材教学到整本书阅读指导，从备课上课到评课测试，都有涉及。分析问题时，努力做到周全细密。提供建议时，力求步骤清楚，便于读者借鉴使用。

此外，三本《让课堂说话》分别整理、小结了我在阅读教学、作文教学、古诗文教学三个领域的实践体会。《迷人的阅读》和《阅读，让教育变好》是我主编的教师读书笔记。透过我与师友们在纸上交流读书心得，我想让读者了解教书与读书的密切关联。《积攒生命的光》是我整理的贾志敏老师的教育口述史。这本薄薄的"大书"道明了我的师承，讲清了我的专业来路。读者由此可以理解我现在正走的路，甚至能猜出我的未来之路。

有一次,我和学生们聊天。聊着聊着,一个学生忽然说:朱老师是个有童心的人。听着这句话,我很感动。

上述几本拙著从不同角度记录了我,一个小学教师,近30年专业发展的每个阶段的实践、思考。细究起来其实卑之无甚高论,不过是葆有童心,坚守常识而已。我一直为此努力着。

朱煜

2021 年 7 月 20 日

图书在版编目（CIP）数据

把孩子教聪明：朱煜教育小品文 / 朱煜著 . — 上海：华东师范大学出版社，2021
 ISBN 978-7-5760-2096-0

Ⅰ. ①把⋯ Ⅱ. ①朱⋯ Ⅲ. ①教育—随笔—中国—文集　Ⅳ. ① G52-53

中国版本图书馆 CIP 数据核字（2021）第 168315 号

大夏书系·阅读教育

把孩子教聪明
——朱煜教育小品文

著　　者	朱　煜
策划编辑	朱永通
责任编辑	万丽丽
责任校对	杨　坤
封面设计	奇文云海·设计顾问

出版发行	华东师范大学出版社
社　　址	上海市中山北路 3663 号　邮编　200062
网　　址	www.ecnupress.com.cn
电　　话	021-60821666　行政传真　021-62572105
客服电话	021-62865537
邮购电话	021-62869887　地址　上海市中山北路 3663 号华东师范大学校内先锋路口
网　　店	http://hdsdcbs.tmall.com
印　刷　者	北京博海升彩色印刷有限公司
开　　本	890×1240　32 开
插　　页	2
印　　张	8.5
字　　数	190 千字
版　　次	2021 年 10 月第一版
印　　次	2021 年 10 月第一次
印　　数	6 100
书　　号	ISBN 978-7-5760-2096-0
定　　价	49.80 元
出 版 人	王　焰

（如发现本版图书有印订质量问题，请寄回本社市场部调换或电话 021-62865537 联系）